W0223339

Merci à Laura Jane Ayres pour son aide précieuse lors de la rédaction de ce livre.

Du même auteur, chez Talent Éditions :
Le livre d'énigmes du crime parfait

© Dr Gareth Moore 2022

Ouvrage original publié au Royaume-Uni en 2021
par Michael O'Mara Books Limited
9 Lion Yard, Tremadoc Road
London SW4 7NQ
sous le titre : *The Undercover Agent Puzzle Book*

Édition française publiée
par TALENT ÉDITIONS
115 rue de l'Abbé Groult, 75015 Paris

Conception : Gareth Moore
Design de couverture : Claire Cater
Illustrations : Shutterstock

ISBN : 978-2-37815-284-0

© Talent Éditions 2023

1 heure pour tester vos compétences d'espion

LE LIVRE D'ÉNIGMES SPÉCIAL ESCAPE GAME

ENTRAÎNEMENT CÉRÉBRAL

Traduit de l'anglais (Royaume-Uni) par Elvis Roquand

DR GARETH MOORE

Talent Éditions

SOMMAIRE

Introduction 7

Dossier 1 : Problèmes polaires 10

Dossier 2 : Logique de laboratoire 30

Dossier 3 : Alerte à la centrale 50

Dossier 4 : Course à l'espace 70

Dossier 5 : Le Darknet. 90

Dossier 6 : Espionnage industriel . . . 110

Dossier 7 : Les plans 130

Dossier 8 : Technologie en péril 150

Indices. 170

Solutions 190

INTRODUCTION

Bienvenue dans *Le livre d'énigmes spécial Escape Game* où vous attendent 8 scénarios à résoudre dans le plus pur style des escape games !

Chaque scénario de ces 8 escape games est divisé en 8 énigmes distinctes, pour un total de 64 énigmes. Le niveau de difficulté varie de l'une à l'autre, mais la complexité de ce livre augmente à mesure que vous progressez d'un escape game à un autre. Il est donc recommandé de commencer par le premier scénario.

ESCAPE GAME?

Lors d'un escape game, enfermé dans une pièce, vous devez faire appel à vos capacités intellectuelles et votre discernement pour découvrir la marche à suivre précise permettant de résoudre une énigme. Et c'est exactement ce que l'on vous demande dans ce livre ! À quelques exceptions près, vous n'aurez aucune instruction détaillée pour ce faire et ce sera à vous, et vous seul, de découvrir le mécanisme au cœur de chaque énigme. Bien souvent – mais pas systématiquement – elles seront en réalité assez simples à résoudre une fois que vous aurez découvert leur secret.

La majorité des énigmes, défis et casse-tête de ce livre recèle un code à 4 chiffres. Par exemple, si 4 objets sont visibles, il y a de grandes chances pour que chacun d'entre eux représente l'un des 4 chiffres du code. Ceci dit, vous devrez certainement creuser un peu plus pour trouver le bon ordre. Si aucun ordre n'est clairement indiqué dans les instructions ou la représentation de l'énigme, les chiffres se liront alors dans le sens de lecture naturel, de la gauche vers la droite puis de haut en bas. Vous pourrez ensuite « saisir » votre réponse dans l'encadré réservé au code sous chaque énigme, en bas de la page de droite.

LISEZ ATTENTIVEMENT LES INSTRUCTIONS

Prêtez attention à la formulation exacte du texte dans l'encadré des instructions, et plus particulièrement aux parties écrites en **gras** : celles-ci contiendront souvent un ou plusieurs indices pour vous aider à résoudre l'énigme. Le titre de chaque énigme doit également retenir toute votre attention. Les encadrés où « saisir » le code de chaque énigme seront en général présentés de la même manière ; soyez attentif à sa formulation si celle-ci venait à changer. Faites également très très attention aux symboles à proximité qui vous aideront à trouver l'information requise.

ET SI VOUS ÊTES BLOQUÉ ?

Si vous êtes dans une impasse, n'oubliez pas que vous n'avez jamais besoin de faire quelque chose de complexe pour en sortir. Cherchez plutôt un détail inhabituel, une différence, une indication ou une suggestion, ou le résultat d'un calcul ou la conclusion d'une déduction. N'hésitez pas à dessiner ou à faire des schémas, et à tester vos théories. Qui sait ? Il pourrait en ressortir une autre idée à tester...

Cependant, vous serez parfois bel et bien bloqué... Dans ce cas, n'hésitez pas à vous reporter à la ligne « Besoin d'un indice ? » présente dans chaque énigme pour consulter la liste d'indices à la fin du livre. Vous trouverez plusieurs indices pour chaque énigme ; commencez par prendre connaissance du premier et retournez à l'énigme. Si vous êtes toujours bloqué, passez au second point, et ainsi de suite.

SOLUTIONS

Vous trouverez à la fin du livre toutes les solutions détaillées, le numéro de la réponse étant indiqué sous la ligne « Solution » de chaque énigme. Si les indices ne vous ont été d'aucun secours, n'hésitez pas à demander à quelqu'un de les lire et de vous en donner d'autres jusqu'à ce que vous compreniez la marche à suivre pour découvrir le code.

ET SURTOUT, N'OUBLIEZ PAS DE VOUS AMUSER !
Comme tous les livres d'énigmes, celui-ci a pour but de vous divertir, n'ayez donc aucun scrupule à consulter les indices ou même les solutions quand vous en ressentez le besoin ou l'envie !

Bonne chance à vous, agent infiltré !

Dr Gareth Moore

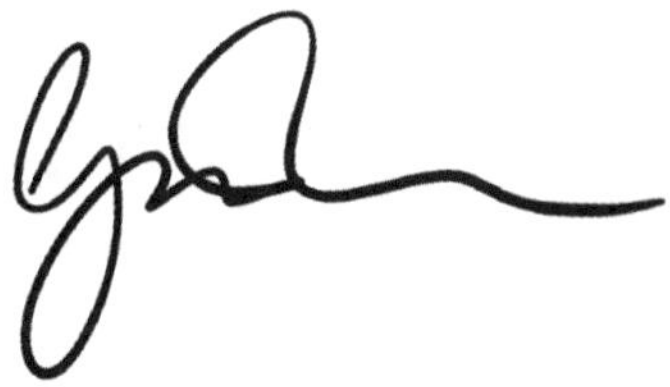

DOSSIER 1

PROBLÈMES POLAIRES

MISE À JOUR... MISE À JOUR... MISE À JOUR...

Votre première destination est une station scientifique polaire abandonnée. À en croire la rumeur, celle-ci aurait été évacuée en catastrophe. De précieuses informations pourraient donc avoir été laissées sur place...

Trouvez le moyen de pénétrer dans la station, puis réactivez les systèmes dont vous aurez besoin pour récupérer le plus d'informations possible.

Découvrez ce que vous pouvez puis quittez les lieux avant de mourir de froid : le système de chauffage a été désactivé depuis longtemps, et nous ne pouvons vous assurer qu'il reste une quantité suffisante de carburant pour alimenter le générateur.

D'après nos informations, vous devrez résoudre 8 énigmes, pour chacune vous devrez faire preuve de réflexion et d'une grande attention. Faites bon usage de vos capacités de déduction. Toutes ces énigmes, à l'exception de la première, vous demanderont de trouver un code à 4 chiffres.

Bonne chance, agent. Nous comptons sur vous. Appelez-nous dès que vous en avez fini.

– G

PASSWORD POLAIRE

Il fait froid, ici. Très froid. Vous devez entrer le plus vite possible, vous seriez bien inspiré de **trouver le mot de passe à 4 lettres**, et sans tarder.

Besoin d'un indice ?
Voir Aide 1

Solution
Voir Réponse 1

Entrez le mot de passe : __ __ __ __

OUVERTURE DES PORTES : EXCEPTION

Brrrr. Il semblerait que vous ayez aussi besoin d'un code d'accès à 4 chiffres pour entrer, mais vous n'avez que cet étrange schéma sur la page ci-contre pour vous y aider.

Lequel de ces codes n'est pas à sa place ?

Besoin d'un indice ?
Voir Aide 2

Solution
Voir Réponse 2

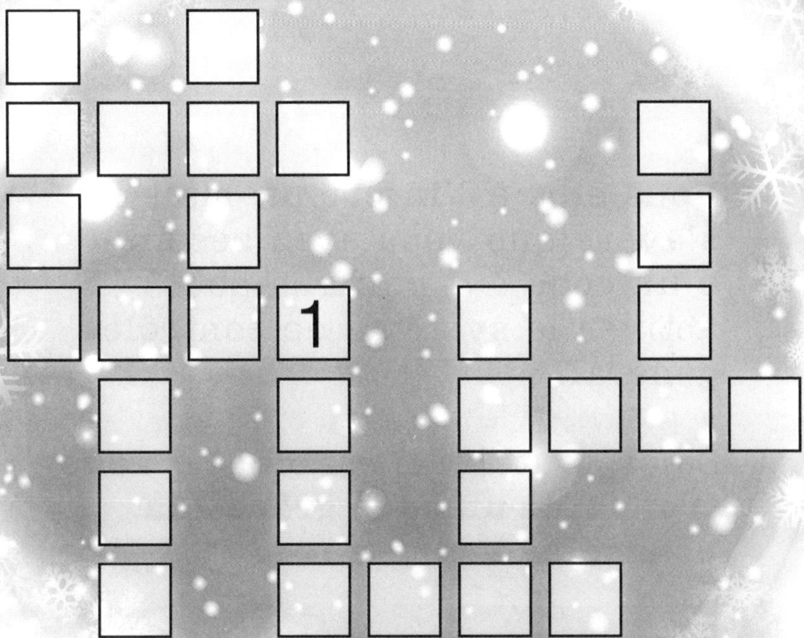

0741	3284	6175	8436
1608	4963	6304	9357
2510	5029	7892	

Entrez le code : __ __ __ __

POINTAGE À LA BOUSSOLE

Vous êtes à l'intérieur, mais il s'avère que vous avez besoin d'un code à 4 chiffres pour activer le système de contrôle général.

Selon toute vraisemblance, **vous trouverez un code grâce à la boussole** ci-contre.

1. N → NE → S

Besoin d'un indice ?
Voir Aide 3

3. N → S

Solution
Voir Réponse 3

4. E → S → O → N → E

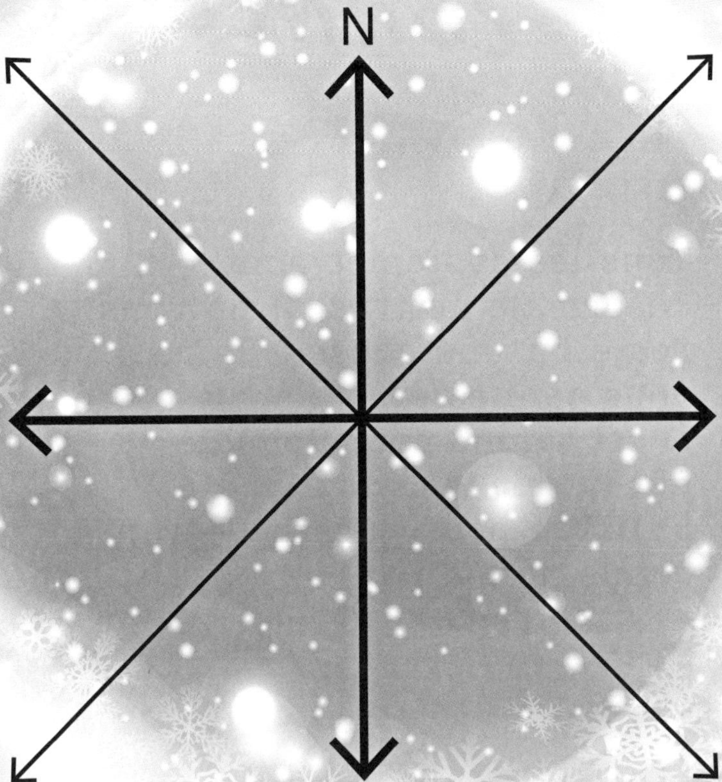

2. S → N → O → E

Entrez le code : __ __ __ __

Dossier : 1 // Code : 4 // Affaire : Problèmes polaires

IL EST TEMPS DE SE CONNECTER

Tous les systèmes sont désormais activés. Il ne vous reste qu'une chose à faire : vous connecter.
Il est temps pour vous de découvrir le code PIN à 4 chiffres pour passer l'écran de connexion.

Besoin d'un indice ?
Voir Aide 4

Solution
Voir Réponse 4

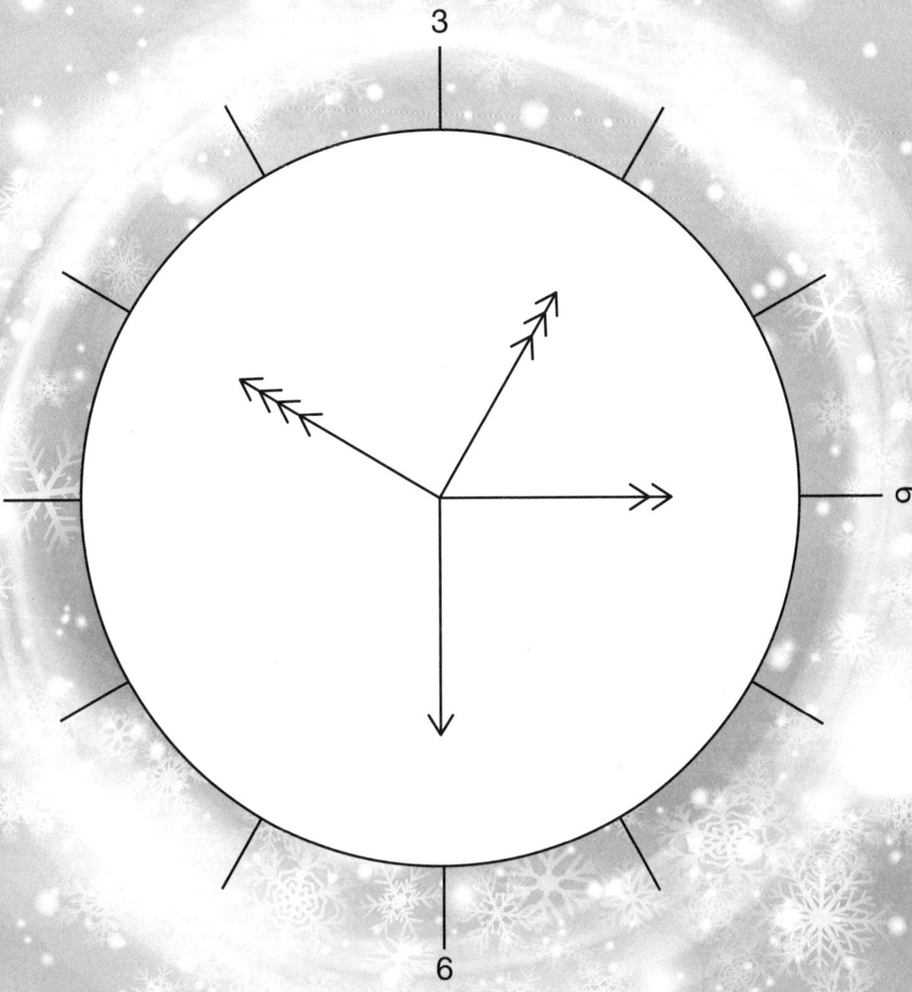

Entrez le code : __ __ __ __

CALIBRAGE DES CRISTAUX DE GLACE

Cet endroit est abandonné depuis si longtemps que des cristaux de glace se sont formés sur certains des capteurs en dessinant des formes géométriques.

Réussirez-vous à recalibrer les capteurs ?

Besoin d'un indice ?
Voir Aide 5

Solution
Voir Réponse 5

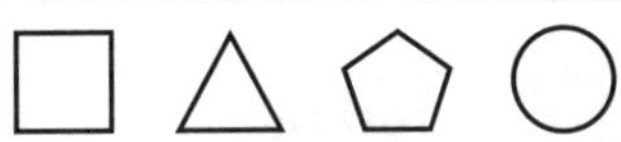

Total des calibrages : __ __ __ __

FENÊTRE DE TIR

Quelqu'un a collé sur l'une des fenêtres du laboratoire des autocollants que vous pouvez décoller et déplacer.

Une fois remis dans le bon ordre, quel code à 4 chiffres révèlent-ils ?

Besoin d'un indice ?
Voir Aide 6

Solution
Voir Réponse 6

Entrez le code : __ __ __ __

LE COMPTE N'Y EST PAS

Il y a quelque chose d'étrange dans cette histoire. Pourquoi cet endroit a-t-il été abandonné depuis si longtemps ? Qu'est-ce qui a poussé ces gens à quitter les lieux ?

Vous feriez mieux de découvrir le prochain code à 4 chiffres pour déguerpir d'ici le plus vite possible !

Besoin d'un indice ?
Voir Aide 7

Solution
Voir Réponse 7

+ + +

9	1	7	3	=
8	2	4	6	=
5	5	8	2	=
2	4	6	8	=
1	4	4	6	=
7	1	5	7	=
9	8	2	1	=
5	6	5	4	=
8	4	3	5	=

Entrez le code : __ __ __ __

GLISSEZ-VOUS DEHORS

Vous n'attendez qu'une chose, sortir de cet endroit glacial. Pour cela, il vous reste juste à **déplacer ces tuiles** et à dégager suffisamment d'espace afin que la porte s'ouvre à nouveau.

Quel code à 4 chiffres ces tuiles vont-elles révéler ?

Besoin d'un indice ?
Voir Aide 8

Solution
Voir Réponse 8

Entrez le code : __ __ __ __

ET VOUS VOILÀ DEHORS !

Vous vous empressez d'activer la balise de rappel fournie par votre agence et vous attendez le vrombissement du moteur de l'avion qui viendra vous chercher pour vous emmener sous d'autres cieux – n'importe où, tant que c'est un endroit plus chaud.

Heureusement, vous avez pu récupérer ce que vous étiez venu chercher. Les informations que vous avez tranquillement collectées, en plus des codes d'accès, au cours de votre exploration de la station polaire, sera d'une grande aide pour vos collègues.

L'avion arrive enfin et vous montez à son bord, soulagé. L'appareil ne s'arrête que quelques instants avant que ses roues ne se remettent aussitôt en mouvement pour redécoller. Dans ces conditions, le pilote ne peut pas prendre le risque de geler ses moteurs.

À peine avez-vous quitté la terre ferme que votre agence entre de nouveau en contact avec vous. Une autre mission vous attend. Il semblerait que vos services soient très demandés.

DOSSIER 2
LOGIQUE DE LABORATOIRE

MISE À JOUR… MISE À JOUR… MISE À JOUR…

Une chance que l'entraînement prodigué par l'agence soit aussi exhaustif, car lors de votre prochaine mission vous devrez infiltrer un laboratoire. Vous n'avez aucune envie de vous faire remarquer de la plus mauvaise des manières.

Des substances chimiques nocives ont récemment fait leur apparition sur le marché, et nous avons de bonnes raisons de penser qu'elles émanent de ce laboratoire.
Infiltrez le laboratoire et observez de près les expériences en cours, ainsi que tout document que vous pourrez trouver. Il vous faudra certainement activer un ou deux appareils lors de cette mission, mais nous savons que vous en êtes capable.

Pour mener à bien cette mission, il vous faudra trouver 8 codes à 4 chiffres, un par énigme.

Bonne chance, agent. Non pas que vous en ayez besoin, car nous sommes convaincus que la logique règne en maître dans ce laboratoire. Ce sont tous des scientifiques, après tout.

– G

SÉQUENÇAGE SYMBOLIQUE

Il semblerait qu'une sorte d'expérience sur le séquençage de protéines soit en cours dans cette partie du laboratoire.

Étudiez chacune des lignes de cette expérience et **déduisez-en** le code à 4 chiffres requis.

Besoin d'un indice ?
Voir Aide 9

Solution
Voir Réponse 9

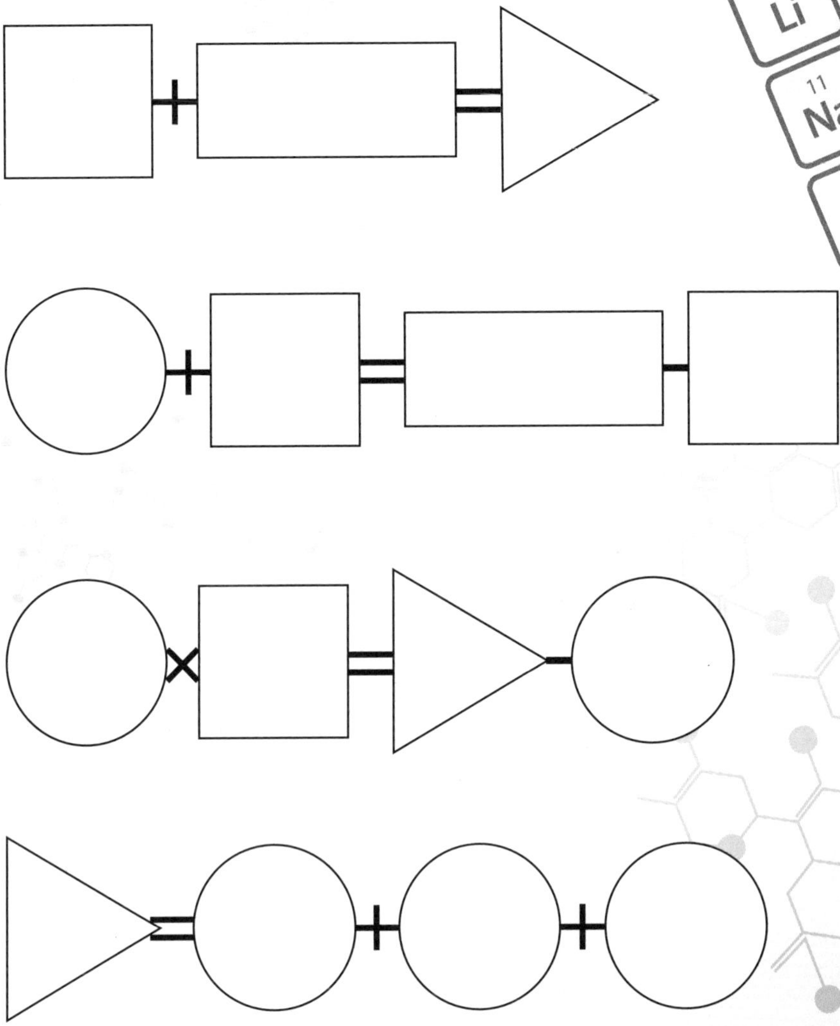

Entrez le code : __ __ __ __

REFLET BACTÉRIEN

Les informations que vous avez récoltées jusqu'ici mènent à cette boîte de Pétri pleine de bactéries.
Vous devez trouver 4 chiffres que vous classerez **du plus pâle au plus sombre**.

Besoin d'un indice ?
Voir Aide 10

Solution
Voir Réponse 10

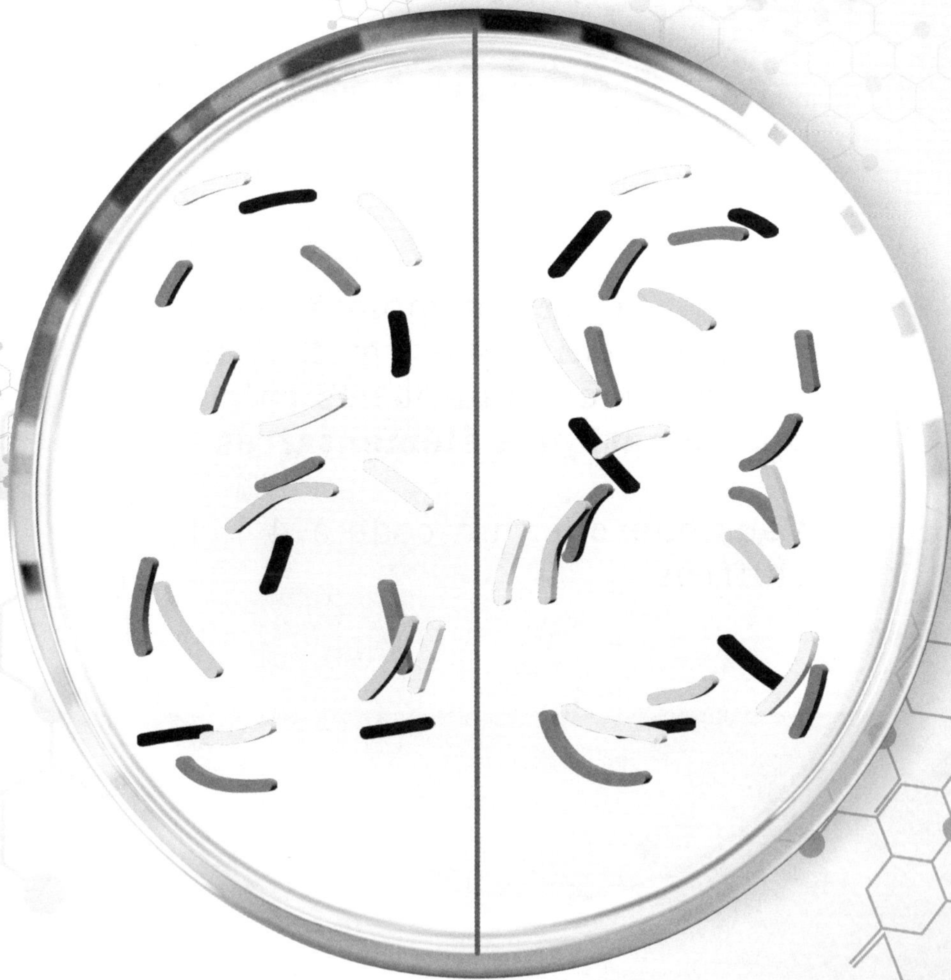

Entrez le code : __ __ __ __

MATHÉMATIQUES ÉLÉMENTAIRES

Hmm... Cela ressemble à des formules chimiques, mais c'est probablement plutôt des calculs **mathématiques élémentaires**.

Vous cherchez un code à 4 chiffres.

Besoin d'un indice ?
Voir Aide 11

Solution
Voir Réponse 11

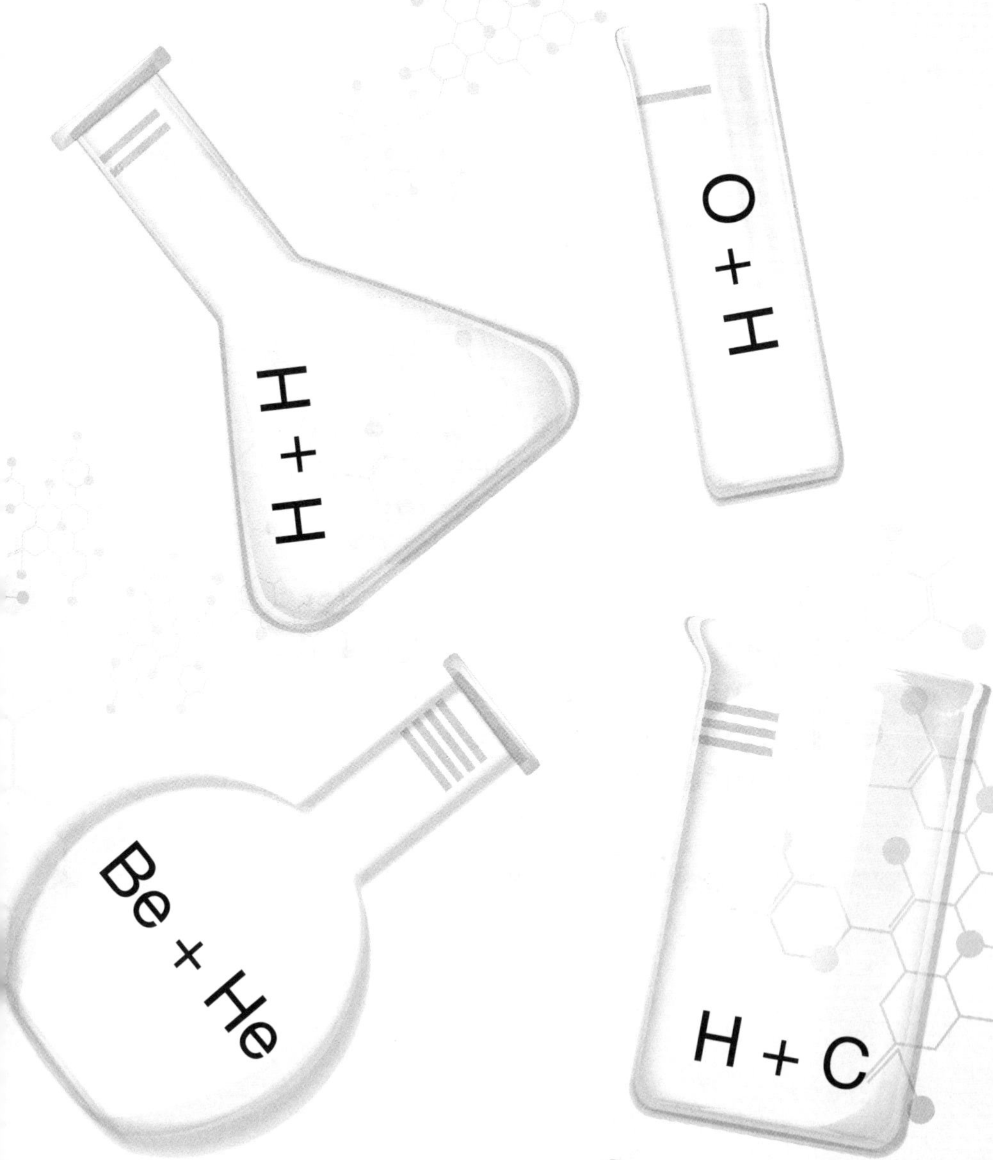

Entrez le code : __ __ __ __

LE CODE DE LA CALCULATRICE

Dans cette pièce il y a un manuel de mathématiques ouvert sur un bureau.

Quelqu'un a griffonné des notes au crayon sur l'image d'une calculatrice. **À quoi correspondent ces annotations ?**

Besoin d'un indice ?
Voir Aide 12

Solution
Voir Réponse 12

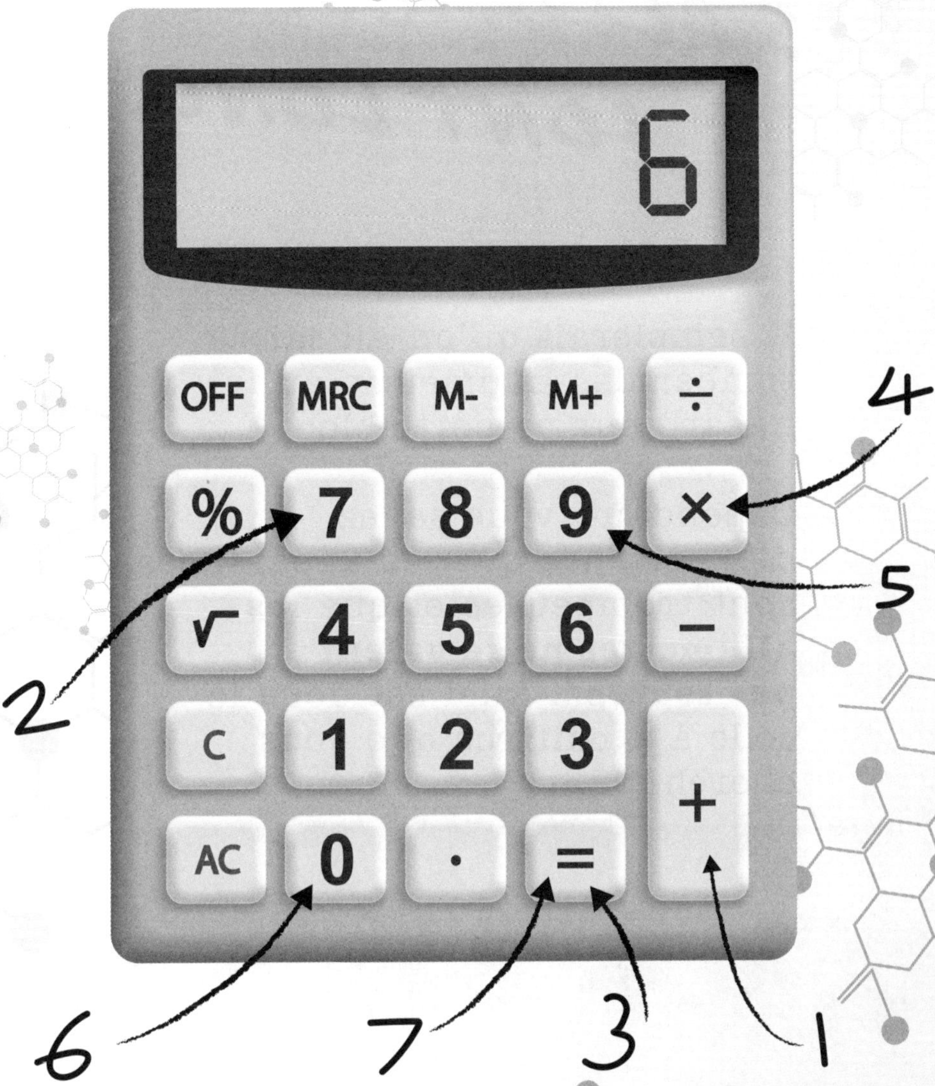

Entrez le code : __ __ __ __

DES ALLUMETTES QUI FONT LONG FEU

Il semblerait qu'on ait laissé tomber des allumettes au hasard sur ce porte-bloc.

Cependant, vous savez d'expérience que les apparences sont trompeuses et que **les allumettes ne se valent pas toutes...** Quel est donc le code à 4 chiffres que vous cherchez ?

Besoin d'un indice ?
Voir Aide 13

Solution
Voir Réponse 13

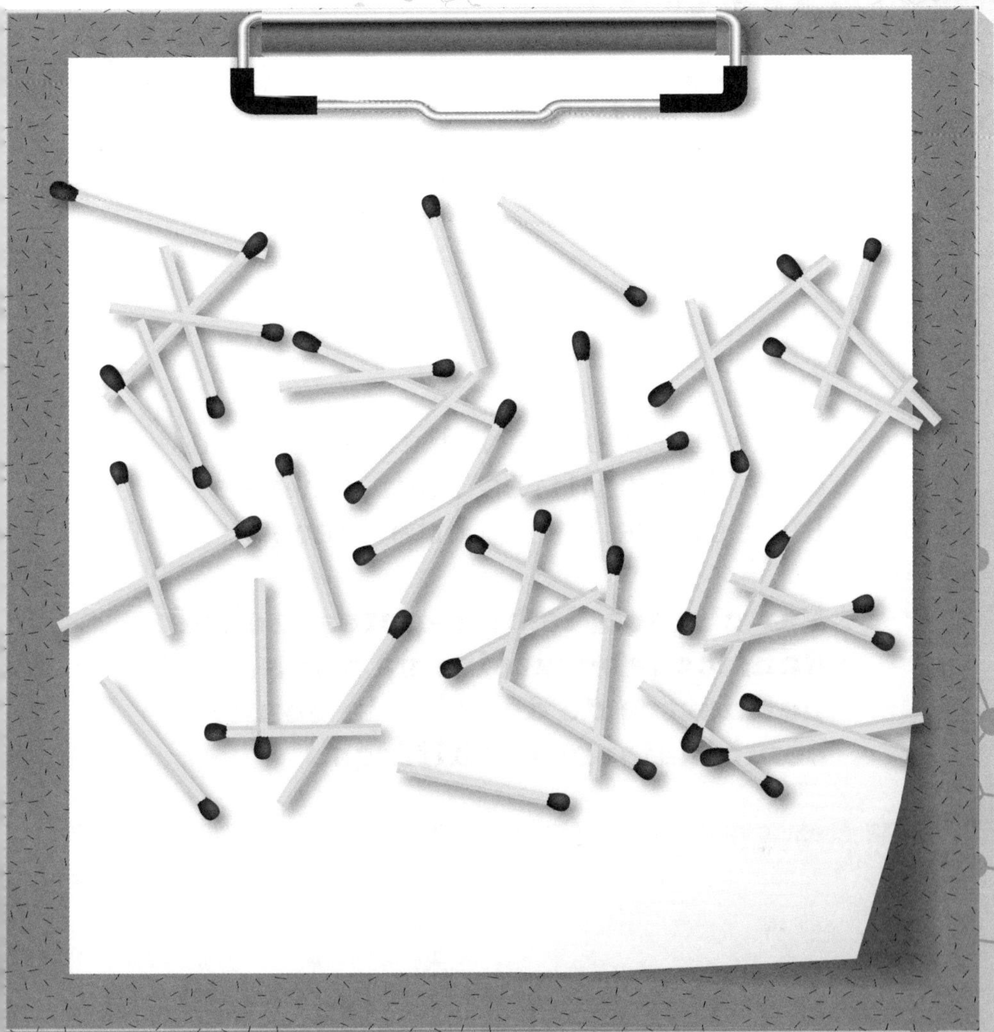

Entrez le code : __ __ __ __

UNE NOUVELLE ÉNIGME À COCHER SUR VOTRE LISTE

Vous avez besoin d'un nouveau code à 4 chiffres pour activer les appareils de cette pièce.

Par chance, le bloc-notes trouvé dans ce laboratoire va vous permettre de déduire la bonne combinaison de chiffres.

Besoin d'un indice ?
Voir Aide 14

Solution
Voir Réponse 14

	a.	b.	c.	d.
Premier	✓	✗	✗	✗
Pair	✓	✓	✗	✓
>0 & <10	✓	✓	✓	✓
Carré	✗	✗	✓	✓
Cube	✗	✓	✓	✗

Entrez le code : __ __ __ __

UN GRAPHIQUE BIEN ORDONNÉ

Les résultats d'une expérience importante ont été consignés sur ce graphique.

Peut-être est-ce là un indice pour découvrir le prochain code à 4 chiffres ? **Le graphique semble avoir pour origine (0,0).**

Besoin d'un indice ?
Voir Aide 15

Solution
Voir Réponse 15

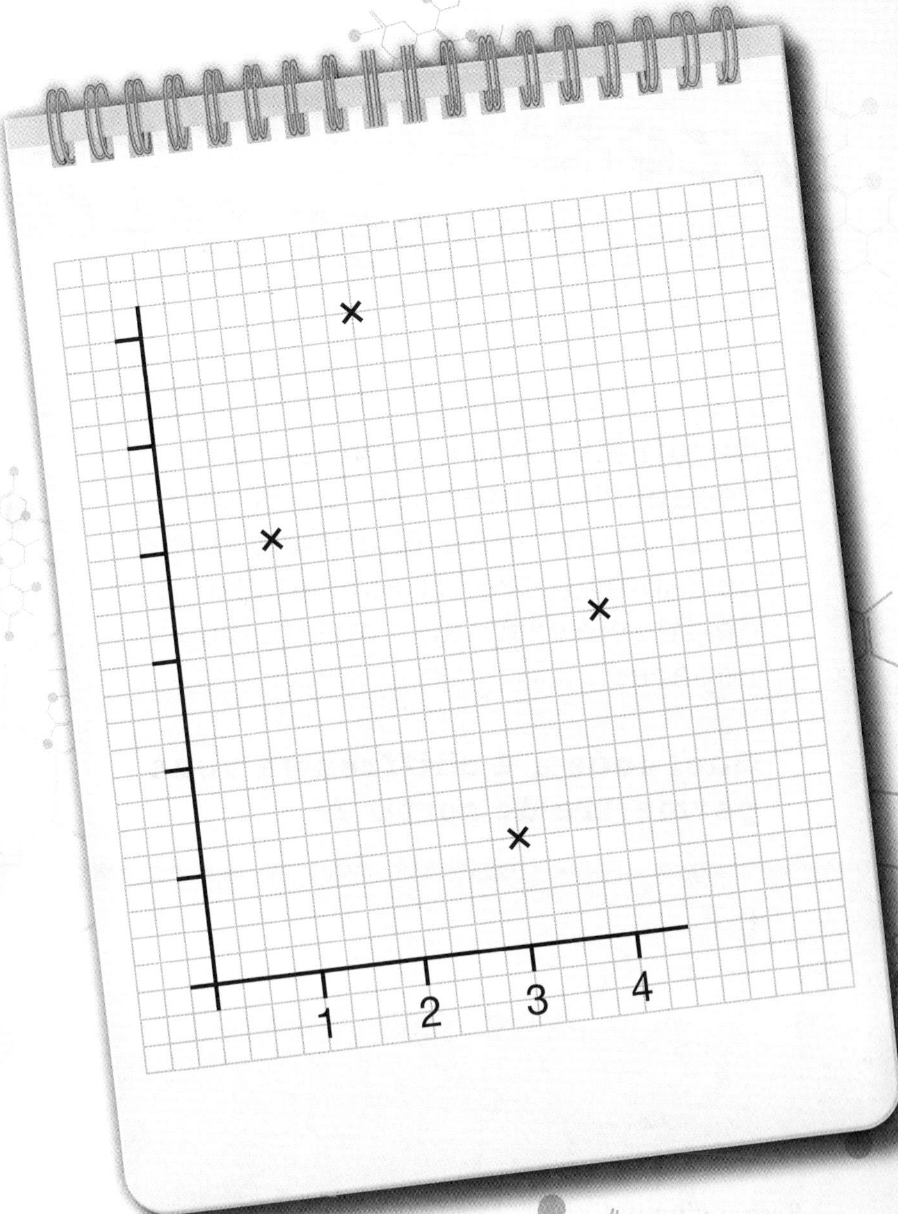

Entrez le code : __ __ __ __

ENCORE ET TOUJOURS DES CALCULS

On dirait bien que vous avez récupéré toutes les infos que vous étiez venu chercher dans ce laboratoire. Il est temps de filer avant de vous faire repérer.

Quel code à 4 chiffres va vous permettre de sortir ?

Besoin d'un indice ?
Voir Aide 16

Solution
Voir Réponse 16

1 x 2 =

x 3 =

x 4 =

x 5 =

x 6 =

x 7 = __ __ __ __

Entrez le code : __ __ __ __

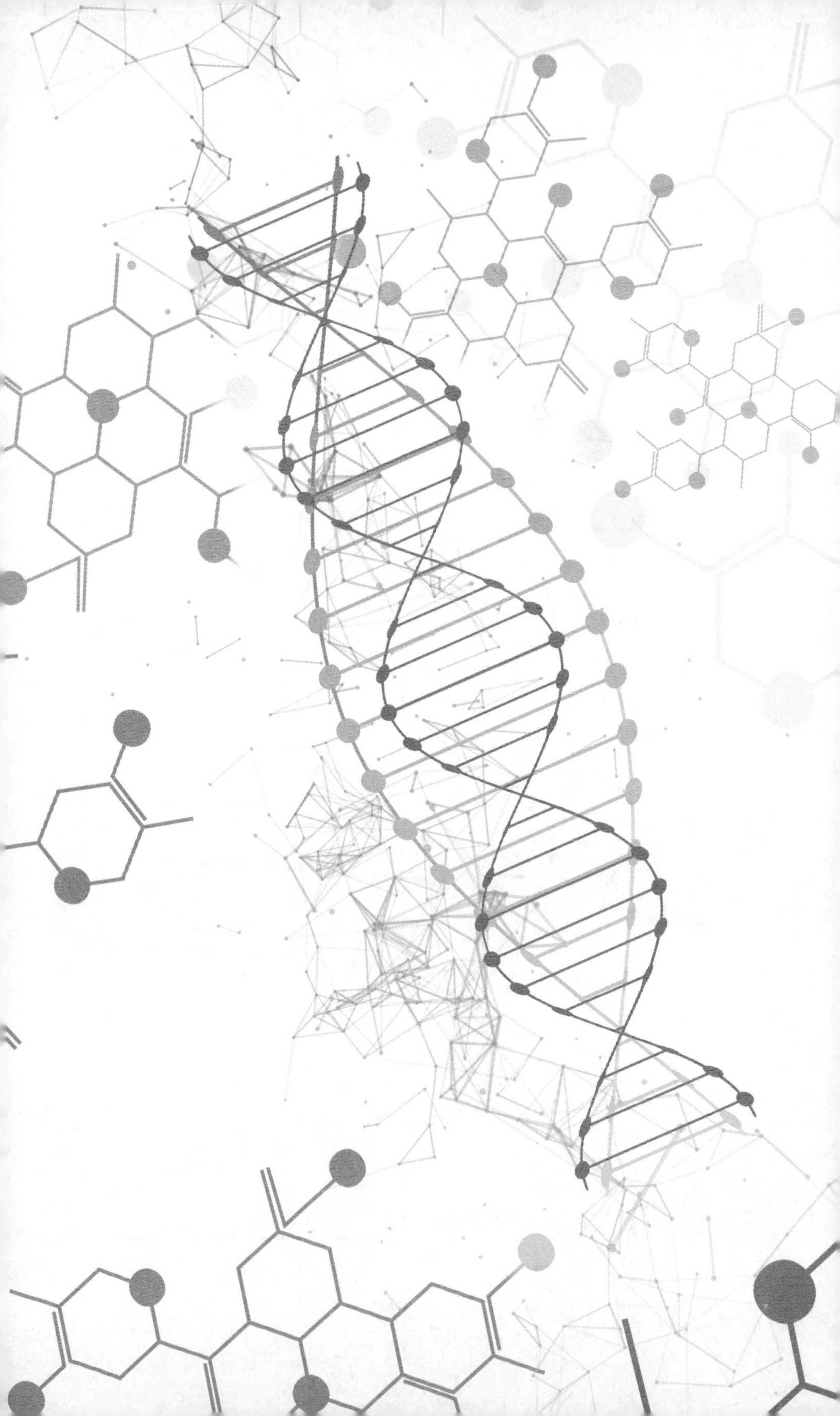

Vous sortez du laboratoire.

Eh bien, voilà qui était intéressant. À l'évidence, ils ne s'attendaient pas du tout à être infiltrés, vu la quantité d'informations compromettantes qui traînait sans réelle surveillance.

Les données que vous avez récupérées devraient permettre à l'agence de faire des progrès significatifs pour entraver la circulation de ces substances chimiques nocives. Ces informations leur seront également d'une grande aide dans leurs efforts pour les neutraliser définitivement.

Vous avez bien mérité une petite pause, même si vous êtes sûr qu'il ne vous faudra pas attendre bien longtemps avant d'être déployé sur une nouvelle mission...

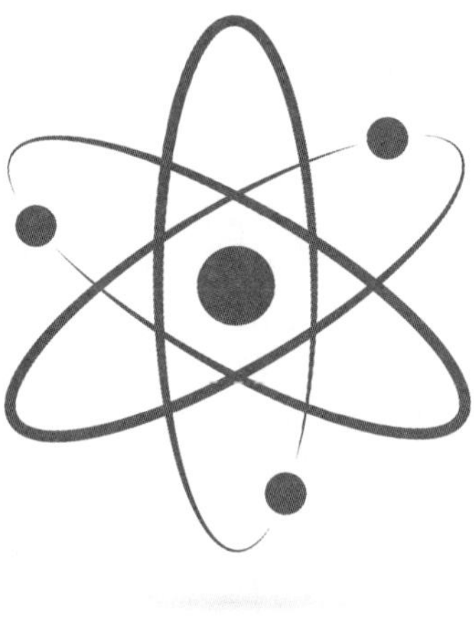

DOSSIER 3

ALERTE À LA CENTRALE

MISE À JOUR… MISE À JOUR… MISE À JOUR…

Et vous qui n'aspiriez qu'à un peu de repos, tranquille, chez vous…

Le courant a été coupé dans toute la ville. Des dispositifs électriques inconnus ont été placés à des points stratégiques de la centrale électrique de la ville. Tous ces dispositifs sont armés jusqu'aux dents. Nous devons les désactiver et rétablir le courant avant que le chaos ne s'installe. Sont-ils conscients que vous êtes à leurs trousses ? C'est l'explication la plus plausible. Ces dispositifs portent leur marque de fabrique. Un peu trop gros pour être une coïncidence, vous ne trouvez pas ?
Vous êtes l'expert, alors cette mission est pour vous. Une nouvelle série de codes à 4 chiffres à trouver. N'oubliez pas de les entrer dans le bon ordre. Il doit y avoir un moyen de découvrir cet ordre à chaque fois.

Parviendrez-vous à percer ces énigmes à jour pour découvrir les 8 codes à 4 chiffres et désactiver les dispositifs ?

Bonne chance, agent.

– G

UN CODE QUI SORT DE L'ORDINAIRE

Quatre labyrinthes pour un code à quatre chiffres. Ce n'est certainement pas une coïncidence. Frayez-vous un chemin vers la solution. Vous devriez trouver le code dans les chemins inutilisés.

Quels sont les 4 chiffres que vous avez trouvés ?

Besoin d'un indice ?
Voir Aide 17

Solution
Voir Réponse 17

Entrez le code : __ __ __ __

PENSÉE (QUADRI)LATÉRALE

Combien pouvez-vous dénombrer de quadrilatères dans chacune des 4 images ci-contre ?

Et dans quel ordre devez-vous saisir ces chiffres ?

Besoin d'un indice ?
Voir Aide 18

Solution
Voir Réponse 18

4 1

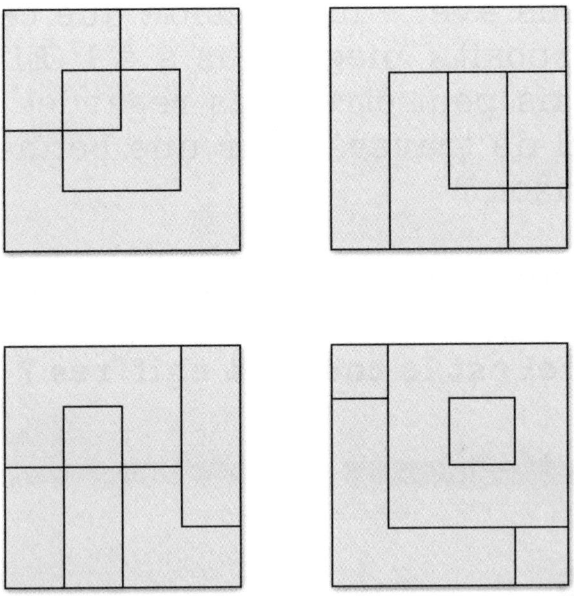

Entrez le code : __ __ __ __

3 2

UNE ÉNIGME À TOURNER DE L'ŒIL

Vous avez l'impression que ce dispositif piégé vous a à l'ŒIL. Mais peut-être vous regarde-t-il de travers pour une bonne raison ?

Saurez-vous le remettre à sa place ?

Quel est le code à 4 chiffres ?

Besoin d'un indice ?

Voir Aide 19

Solution

Voir Réponse 19

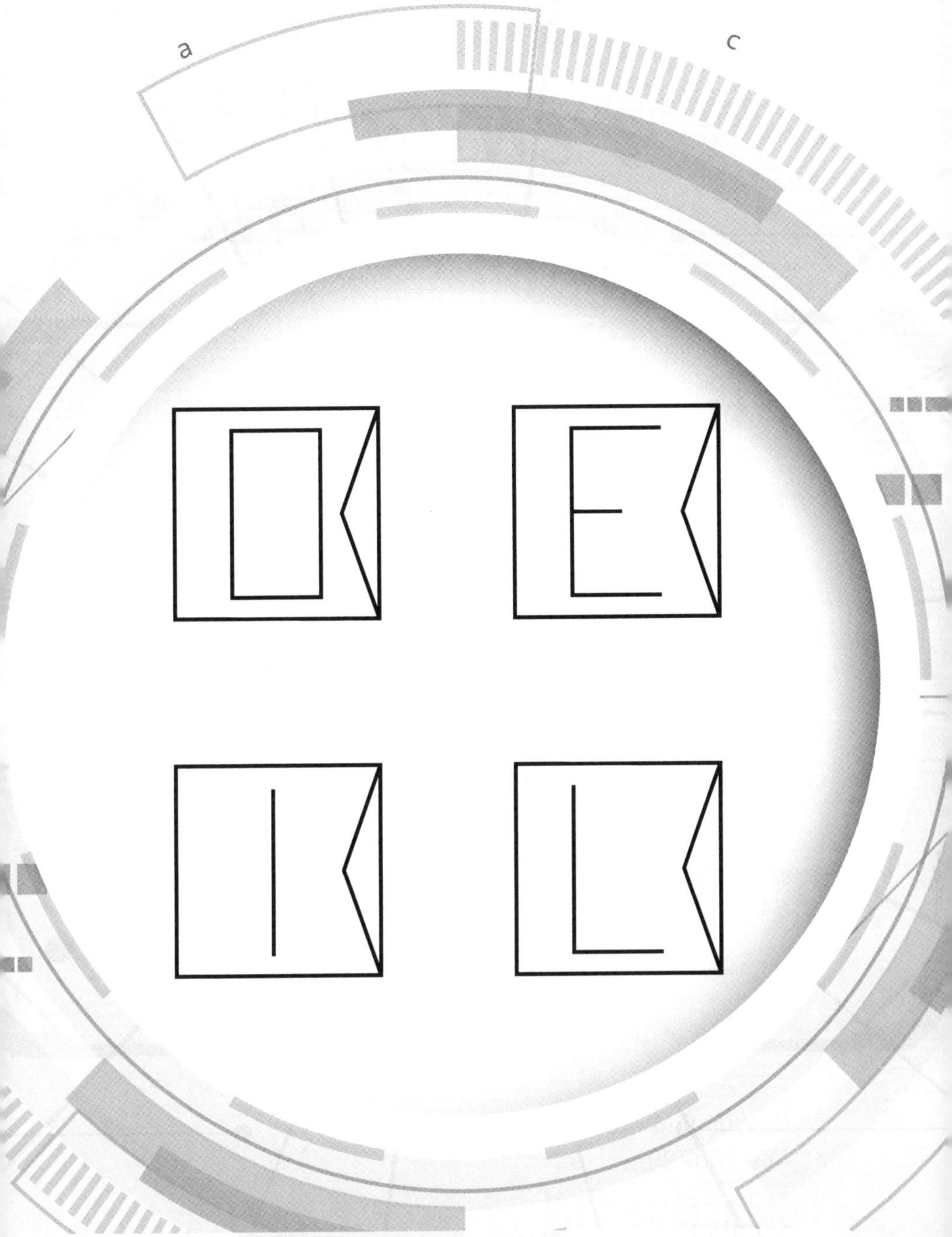

Entrez le code : __ __ __ __

L'ÉNIGME DU CARRÉ LATIN

Quatre carrés de 2 cases par 2. Rassemblez-les pour former une grille de 4 cases par 4, et vous pourrez ensuite trouver la Solution Unique au Défi, O K? Un, deux, trois et quatre seront les seuls chiffres dont vous aurez besoin.

Les cases grisées cachent le code à 4 chiffres.

Besoin d'un indice ?
Voir Aide 20

Solution
Voir Réponse 20

Entrez le code : __ __ __ __

UNE QUESTION DE POINT DE VUE

Fixez longtemps cette page.
Très *longtemps* — peut-être même de biais.

Quel angle inhabituel cette énigme a-t-elle pris ? Quel est le code à 4 chiffres ?

Besoin d'un indice ?
Voir Aide 21

Solution
Voir Réponse 21

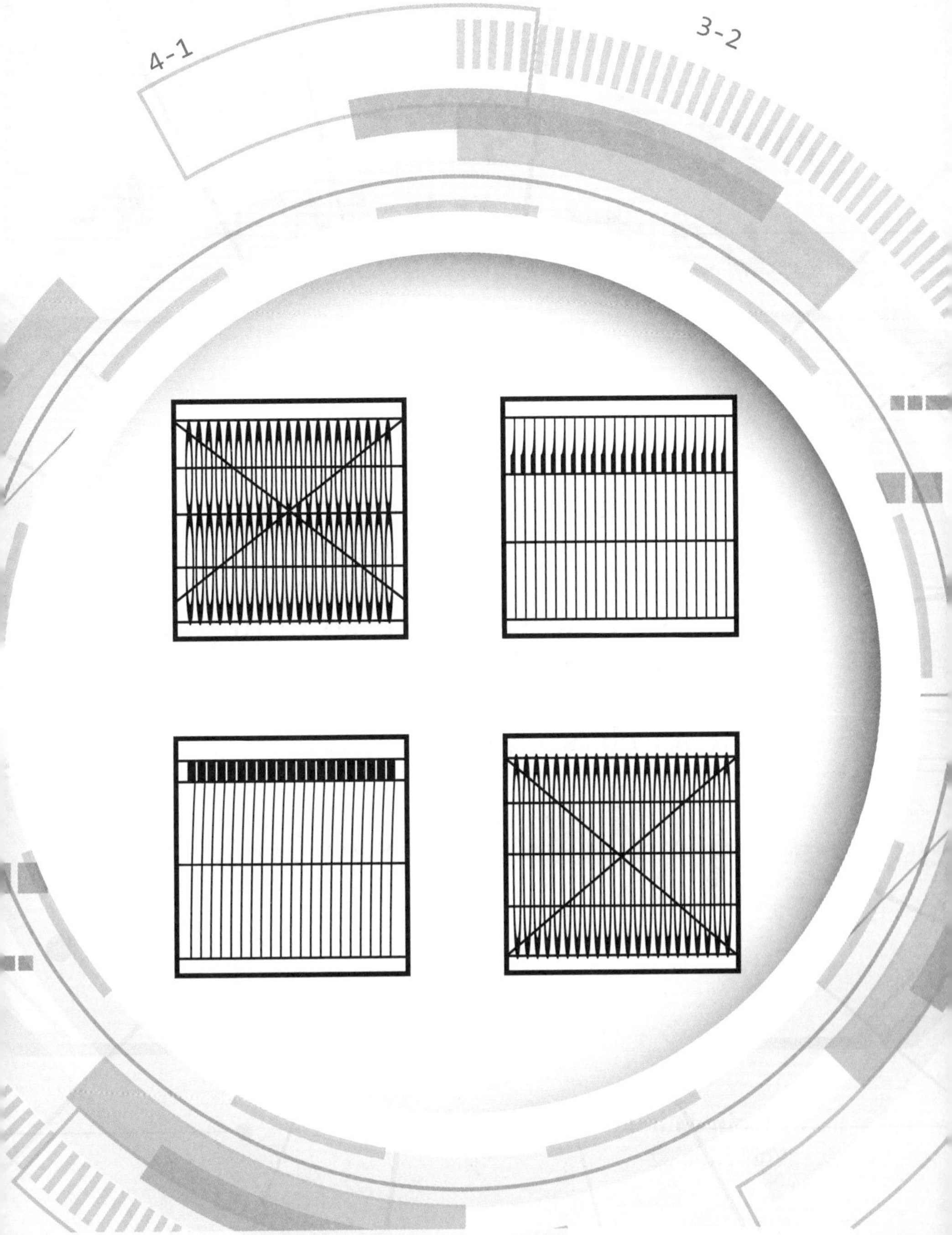

Entrez le code : __ __ __ __

4-0 3-1

UNE ÉNIGME PRÊTE À VOUS TENIR EN ÉCHEC

C'est une carrière dans l'ombre et il est temps de jeter une ombre partout où la somme d'une ligne et d'une colonne fait un impair.

Qu'en ressort-il ?

Besoin d'un indice ?
Voir Aide 22

Solution
Voir Réponse 22

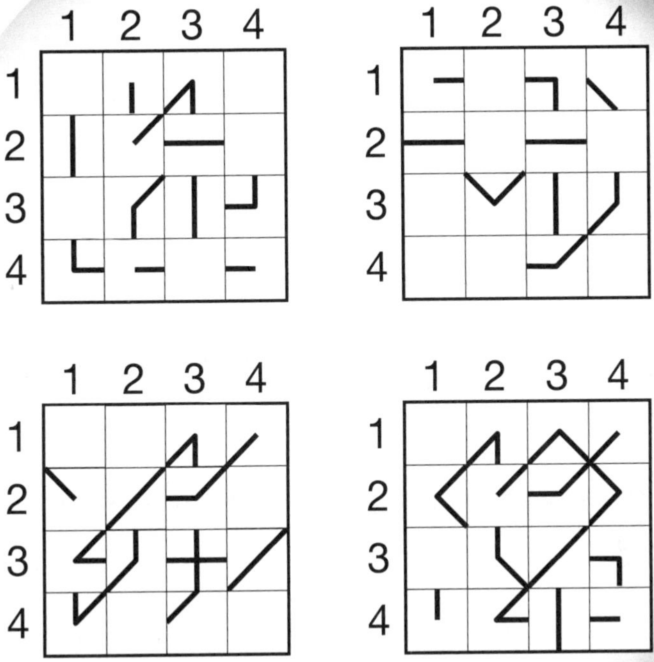

Entrez le code : ___ ___ ___ ___

DESSINEZ DES IMAGES NUMÉRIQUES

Noircissez le nombre de cases adjacentes dans chaque ligne et colonne ci-contre. Les indices multiples sont donnés dans l'ordre et leurs cases à noircir ne se touchent pas.

Quatre images vous donneront le code.

Besoin d'un indice ?
Voir Aide 23

Solution
Voir Réponse 23

	3	1	1	4	1
1					
1, 1					
5					
1					
1					

	3 1	1 1 1	1 1 1	1 1 1	1
4					
1					
4					
1					
4					

	1 1	1 1 1	1 1 1	1 1 1	1 1
3					
1, 1					
3					
1, 1					
3					

	1 1	1 1	1 1 1	1 1 1	5
5					
1					
3					
1					
5					

Entrez le code : __ __ __ __

HACKING NUMÉRIQUE DÉTECTÉ

Ces chiffres sont aussi corrompus que la ville. Sur chacun d'eux, quelqu'un a inversé une ligne et une colonne de pixels.

Quel est le code ?

Besoin d'un indice ?
Voir Aide 24

Solution
Voir Réponse 24

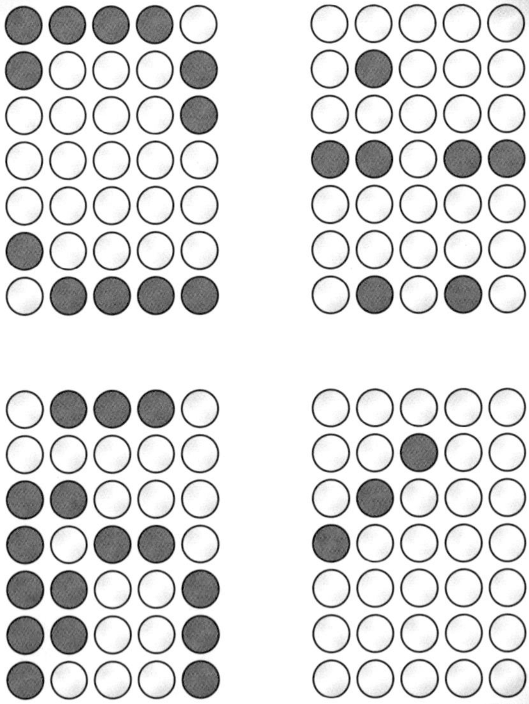

Entrez le code : __ __ __ __

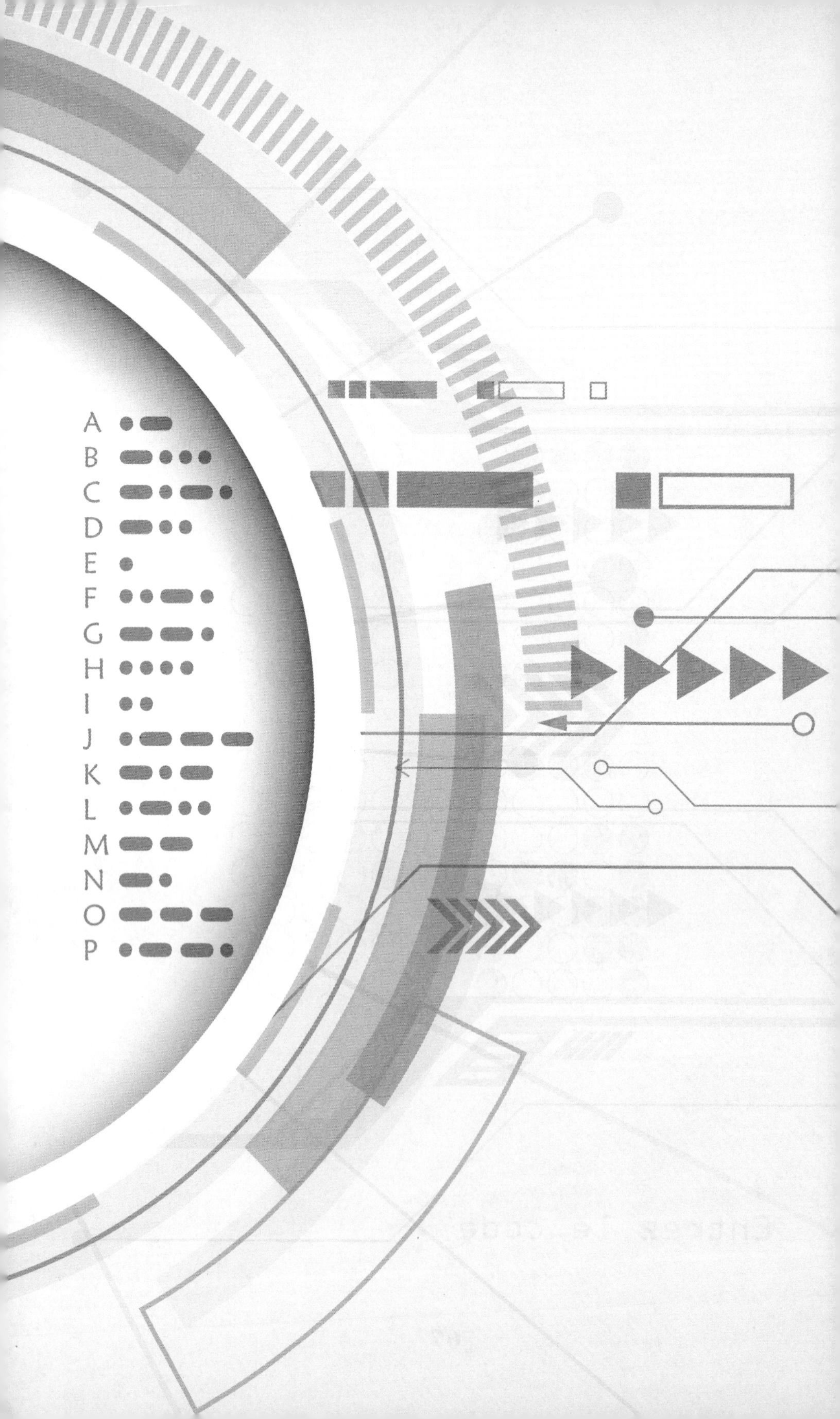
A .-
B -...
C -.-.
D -..
E .
F ..-.
G --.
H ....
I ..
J .---
K -.-
L .-..
M --
N -.
O ---
P .--.

Vous entrez les 4 derniers chiffres...

... et le dernier dispositif se désactive. Un sifflement aigu se fait entendre, puis vous distinguez au loin un ronronnement électrique. Vous l'entendez plus nettement désormais. Au même moment, les lumières vacillent puis se rallument et la centrale reprend vie dans un rugissement mécanique.

On dirait bien que vous avez réussi.

La ville sort de son repos forcé et brille à nouveau de mille feux. Vous allez pouvoir retourner vous reposer. Peut-être n'en ont-ils pas après vous, finalement même si cela en avait l'air.

Mais si vous n'étiez pas la cible, alors pourquoi avoir coupé le courant dans votre ville ? Est-ce que cela pourrait avoir un lien avec le lancement de la fusée prévu demain ? Vous ne seriez pas étonné que l'on vous appelle rapidement pour découvrir le fin mot de l'histoire.

DOSSIER 4

COURSE À L'ESPACE

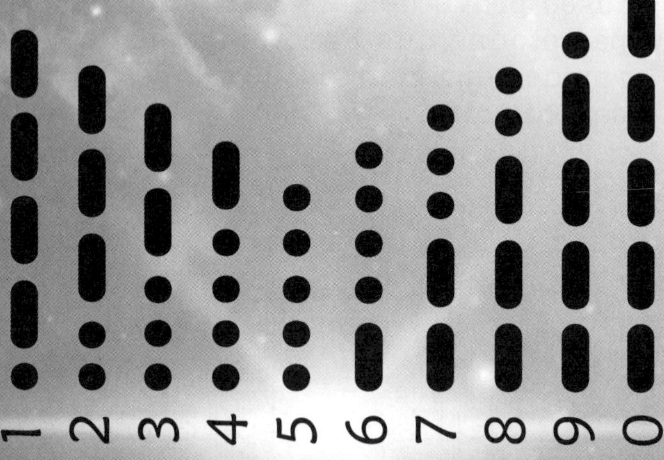

MISE À JOUR... MISE À JOUR... MISE À JOUR...

Quelque chose d'étrange s'est produit pendant la coupure de courant. Il semblerait que l'on ait interféré avec les systèmes internes de la fusée dont le lancement est prévu pour aujourd'hui.

Le public n'en sait évidemment rien, mais un satellite espion très important va être mis sur orbite en même temps que les satellites commerciaux. Si celui-ci n'est pas lancé aujourd'hui, nous n'aurons pas d'autres fenêtres de lancement dans un futur proche. Cela mettrait en péril notre capacité à collecter des informations pendant les décennies à venir.

Pénétrez dans le complexe spatial et veillez à ce que le décollage se déroule comme prévu, et sans le moindre accroc.

D'après nos informations, vous aurez besoin de 8 codes à 4 chiffres pour réparer les systèmes corrompus.

Bonne chance, agent.

– G

CONSTELLATIONS CONNECTÉES

Vous devez d'abord accéder à la zone confidentielle du complexe, **le quadrant delta**.

Il semblerait que vous ayez besoin d'un code à 4 chiffres pour entrer, mais **le seul indice à votre disposition est cette carte du ciel.**

Besoin d'un indice ?
Voir Aide 25

Solution
Voir Réponse 25

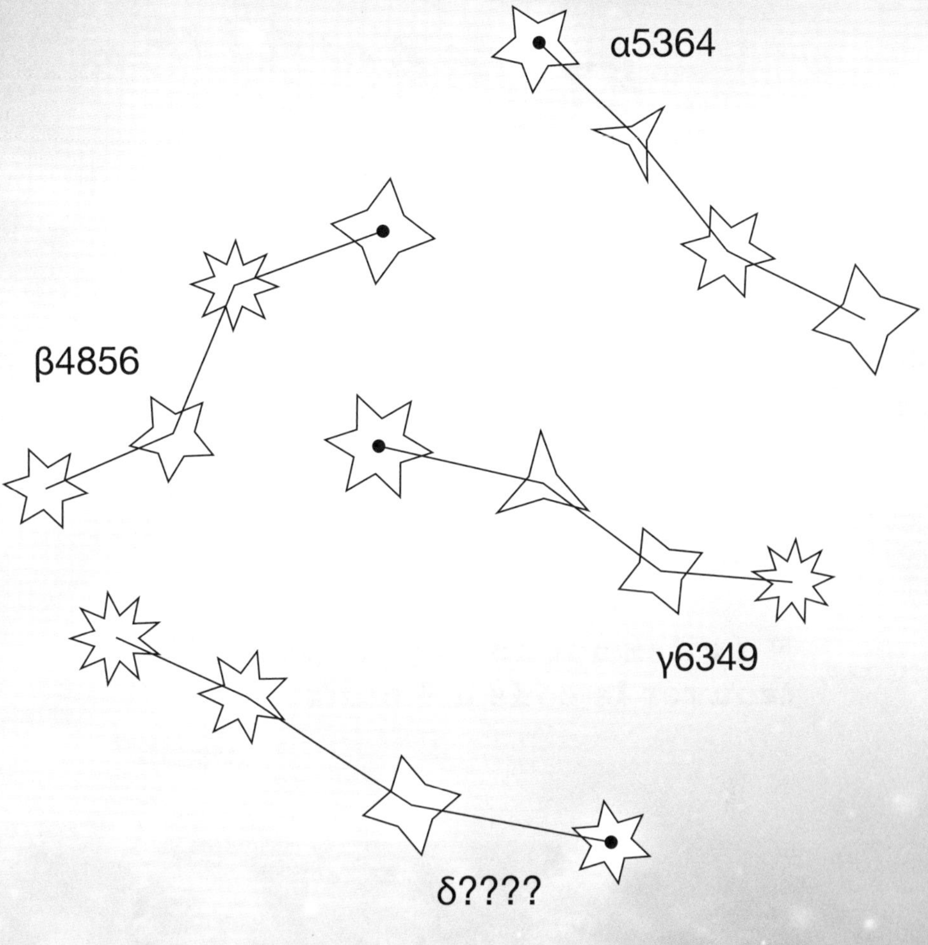

Entrez le code : __ __ __ __

IMPAIR ET MANQUE

Cette feuille ne va pas de paire avec les autres, vous a-t-on dit.

N'évitez aucun impair pour trouver le code à 4 chiffres.

Besoin d'un indice ?
Voir Aide 26

Solution
Voir Réponse 26

+	-	×	÷
8	4	6	2
5	9	1	9
4	2	8	6
1	5	7	3
2	6	8	4
3	3	1	1
6	2	4	8
?	?	?	?

Entrez le code : __ __ __ __

Dossier : 4 // **Système :** 3 // **Affaire :** Course à l'espace

IL EST TEMPS DE REGROUPER LES INFOS

Si :

... alors à quelle heure est prévu le lancement de la fusée ?

Besoin d'un indice ?
Voir Aide 27

Solution
Voir Réponse 27

Entrez l'heure de lancement :

__ __:__ __

CONSTELLATIONS À QUATRE ÉTOILES

Cette carte du ciel a besoin d'être achevée. **Pouvez-vous tracer quatre constellations en vous servant du modèle ci-dessous ?** Aucune constellation ne doit croiser une autre étoile ou une autre ligne.

Besoin d'un indice ?
Voir Aide 28

Solution
Voir Réponse 28

☆ O ——————— ☆ E

Entrez le code stellaire :

__ __ __ __

DES CALCULS RENVERSANTS

Certains calculs essentiels au lancement ne sont pas encore finis.

Complétez ces lignes de calcul, mais assurez-vous d'abord d'avoir bien compris comment les deux exemples donnent une telle somme.

Besoin d'un indice ?
Voir Aide 29

Solution
Voir Réponse 29

1-2-8=1-9

2+8=1+6

▢=1-5

8=▢+5

▢=5+1

▢=2+9

Entrez le code : ▢ ▢ ▢ ▢

CONTAMINATION TÉLESCOPIQUE

Des grains de poussière vous empêchent de voir aussi clairement dans ce télescope que votre reflet dans un miroir. Après avoir passé un petit coup de chiffon sur sa lentille, quelle n'est pas votre surprise de voir apparaître ces formes énigmatiques sous les saletés ! **Ces formes pourraient-elles vous aider à trouver le code nécessaire à l'activation du télescope ?**

Besoin d'un indice ?
Voir Aide 30

Solution
Voir Réponse 30

Entrez le code : __ __ __ __

Dossier : 4 // **Système :** 7 // **Affaire :** Course à l'espace

LES BRACELETS SUR LA LENTILLE

Un coup d'œil rapide dans le télescope vous montre que quelqu'un a laissé plusieurs bracelets à perles en plein sur sa lentille. Ou alors vous venez de découvrir l'existence d'une race d'aliens ? **Pouvez-vous découvrir le sens caché de ces perles et ainsi trouver le code ?**

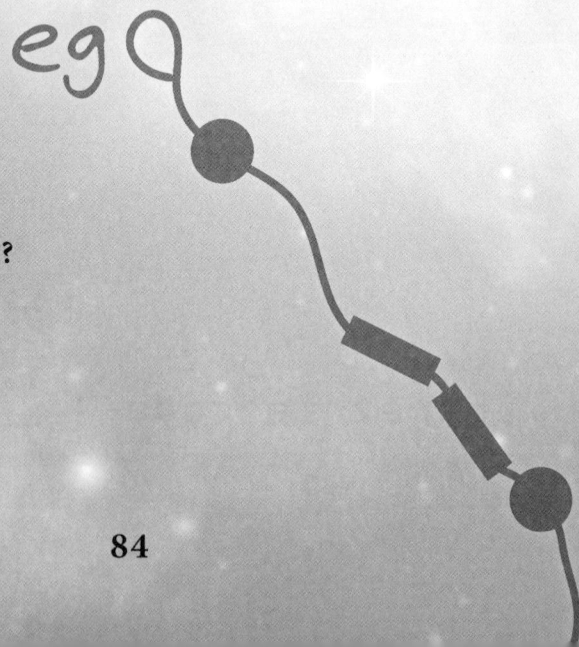

Besoin d'un indice ?
Voir Aide 31

Solution
Voir Réponse 31

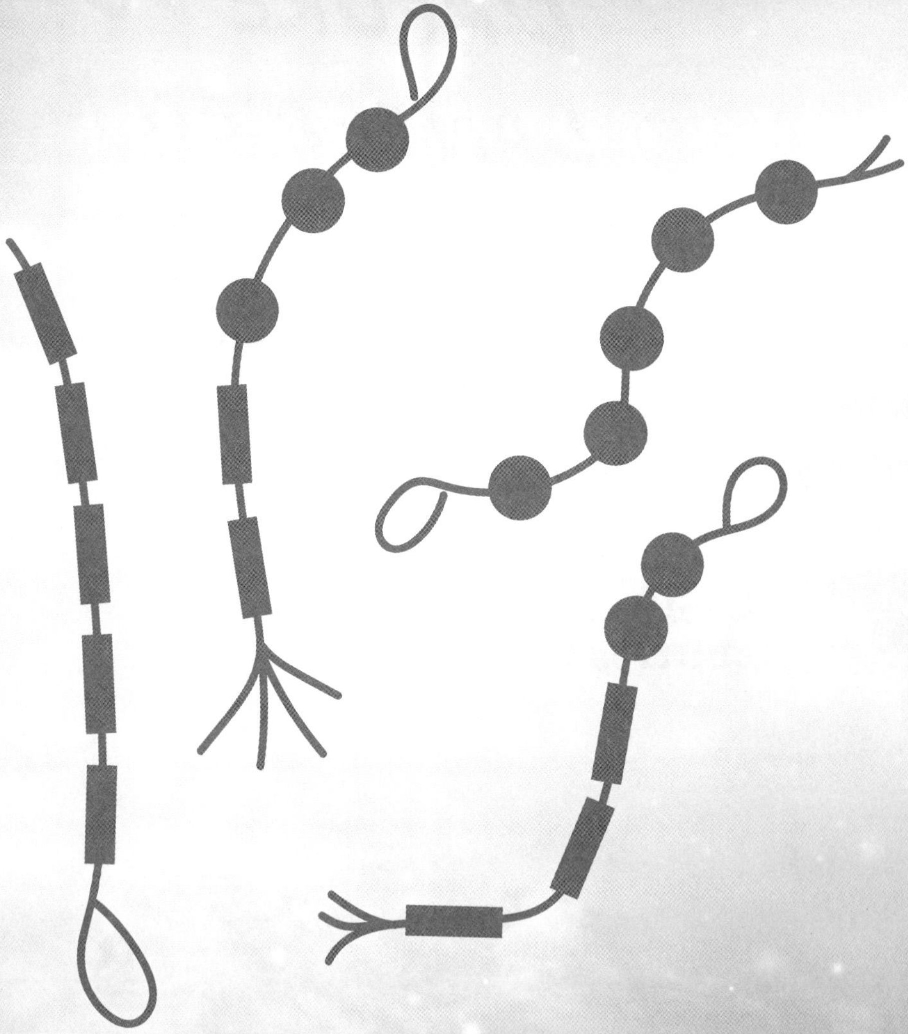

Entrez le code : __ __ __ __

L'HEURE DU LANCEMENT

Nous y sommes : un dernier code à trouver et le lancement pourra avoir lieu comme prévu, avec le satellite espion secret dissimulé dans le double-fond.

Quel est le dernier code à 4 chiffres ?

Besoin d'un indice ?
Voir Aide 32

Solution
Voir Réponse 32

0805

1115

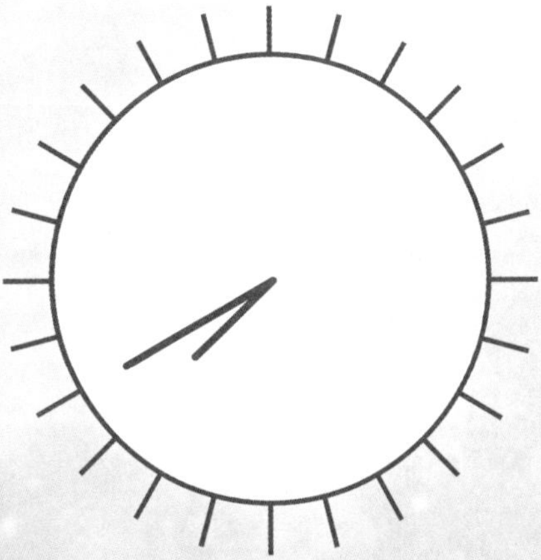

1540

????

Entrez le code : __ __ __ __

5... 4... 3... 2... 1... Décollage !

Vous avez réussi. Juste à temps pour ne pas manquer la fenêtre de tir.

Espérons que ce nouveau satellite arrive à destination sans encombre. Votre rôle dans cette mission touche à sa fin. Félicitations. Encore une belle série de résolutions de codes à votre actif.

Vous contactez votre quartier général en passant par un canal sécurisé. Vous les mettez au courant de vos progrès, et vous ne manquez pas de leur faire comprendre qu'après avoir enchaîné plusieurs missions sous couverture physiquement éprouvantes, vous ne seriez pas contre un peu de repos.

Patience, vous répond-on... La prochaine mission pourra être menée à bien depuis votre bureau, chez vous. Hmm... Vous n'y croirez qu'une fois que vous y serez. Vous êtes prêt à parier que vous allez devoir vous rendre sur place encore une fois.

DOSSIER 5

LE DARKNET

MISE À JOUR... MISE À JOUR... MISE À JOUR...

Nos analystes surveillent une série de transactions suspectes sur le Darknet. Votre mission : pénétrer leur système pour mener une enquête plus approfondie.

Sans surprise, vous allez devoir vous rendre sur place pour en apprendre plus. Apparemment, leur sécurité en ligne est inviolable. Un constat plutôt effrayant s'il est avéré. Ou peut-être aime-t-on simplement vous envoyer en mission ?

Afin de progresser dans votre enquête, vous devrez résoudre des énigmes à la fois en ligne et dans le monde réel pour trouver une série de codes.

Chacune de ces énigmes vous donnera un code à 4 chiffres.

Notez ces codes et transmettez-les au quartier général à la fin de votre mission. Nous nous occuperons de la suite.

Bonne chance, agent.

– G

TÉLÉCHARGEMENTS PARTIELS

Les images dont vous avez besoin pour découvrir ce code PIN se sont téléchargées en deux fois.

Une fois que vous avez reçu les chiffres, lisez-les de la gauche vers la droite et de haut en bas. Quel est le code à 4 chiffres ?

Besoin d'un indice ?
Voir Aide 33

Solution
Voir Réponse 33

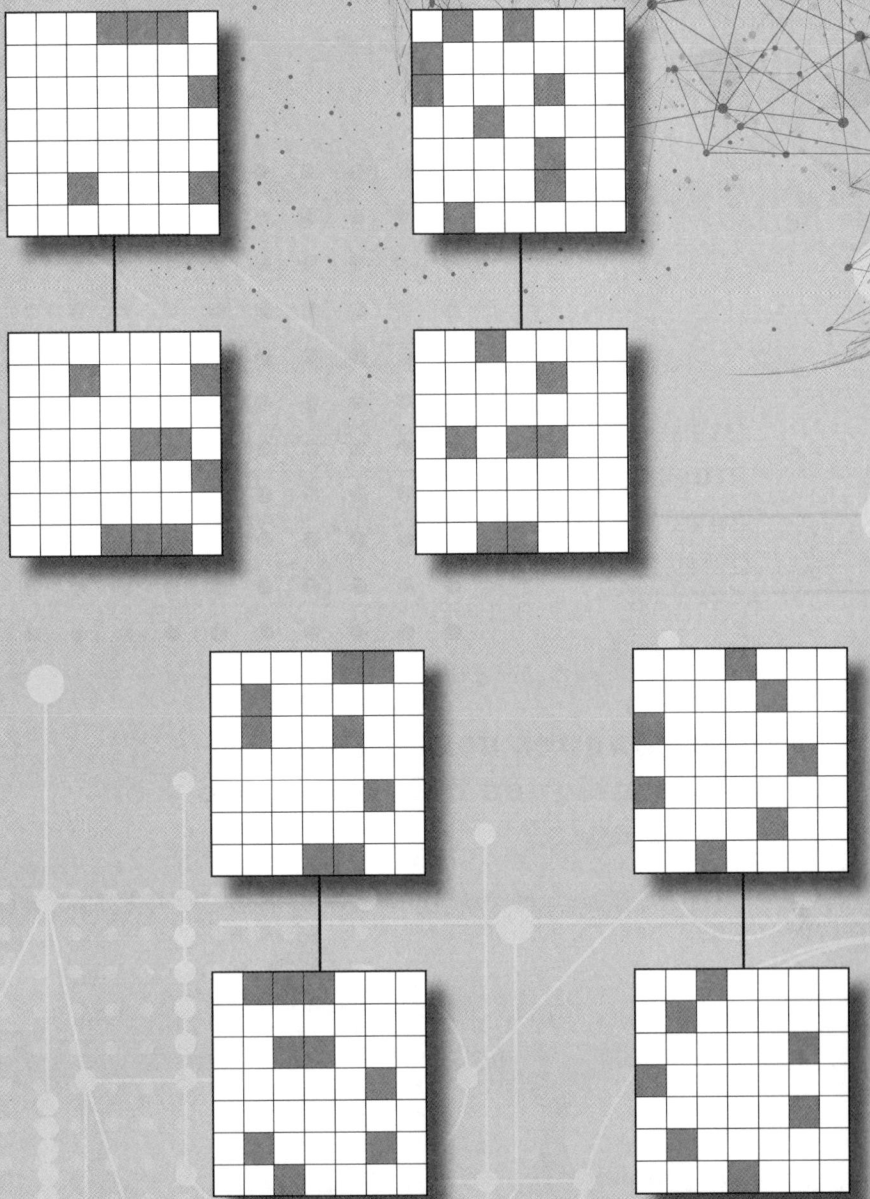

Entrez le code PIN : __ __ __ __

Dossier : 5 // **Site :** 2 // **Affaire :** Le Darknet

LA BANQUE DE DONNÉE DES IMMATRICULATION

Intéressant. Vous venez de mettre la main sur des clichés représentant des plaques d'immatriculation. Pour quelle raison les aurait-on prises en photo ?

Ces plaques sont-elles authentiques ? Et pourquoi y en a-t-il huit ?

Besoin d'un indice ?
Voir Aide 34

Solution
Voir Réponse 34

XXXX X2

B59 P93

XX1X XXX

J42R H681

F49V K82

X3X XXX

XX4X XXXX

L24Q Z7

Entrez le code : __ __ __ __

CODE FLÉCHÉ

Plusieurs flèches différentes ont été utilisées afin d'illustrer le flux de données dans le système.

Le graphique ci-contre est presque achevé. Quel est le code à 4 chiffres manquant ?

Besoin d'un indice ?
Voir Aide 35

Solution
Voir Réponse 35

2769 5731 2439 5769

5431 2761

2461 2469 5739 ????

Entrez le code : __ __ __ __

OUVRAGES TECHNIQUES

Plusieurs ouvrages ont été rangés sur cette étagère, mais apparemment, il en manque deux.

En lisant les valeurs dans l'ordre croissant, vous pourrez trouver le code à 4 chiffres dissimulé par ces deux livres. Quel est-il ?

Besoin d'un indice ?
Voir Aide 36

Solution
Voir Réponse 36

Entrez le code : __ __ __ __

LES DOMINOS ABANDONNÉS

Quelqu'un a joué aux dominos près de ce terminal et les a laissés en désordre sur le bureau.

Pourquoi les avoir laissés comme ça ? Vous manque-t-il quelque chose pour comprendre de quoi il retourne ?

Besoin d'un indice ?
Voir Aide 37

Solution
Voir Réponse 37

Entrez le code :

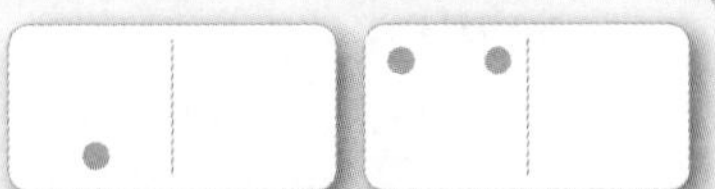

COMPTEZ LES MINES

Certaines cases vides de cette grille cachent une mine. **Identifiez-les toutes** à l'aide des chiffres donnés comme indices. Ceux-ci vous révèlent le nombre total de cases adjacentes, y compris en diagonale, contenant une mine.

Besoin d'un indice ?
Voir Aide 38

Solution
Voir Réponse 38

		2	2		4		1
			4			2	1
A →		4			4	2	1
B →	2				2	1	
C →		2		2			2
D →	2		2	1		2	
	1		2			2	

Entrez le total par ligne :

__ __ __ __

D'ARRIÈRE EN AVANT

Le prochain code d'accès semble avoir été écrit sur ce morceau de papier dont vous voyez ci-contre **à la fois le recto et le verso.**

Quel est le code à 4 chiffres ?

Besoin d'un indice ?
Voir Aide 39

Solution
Voir Réponse 39

1689357

9543578

9632467

8978952

2468912

0680213

5784114

6884249

C

A

B

D

Entrez le code : __ __ __ __

EFFET DOMINO

Quelqu'un aime vraiment jouer aux dominos... quand bien même ce jeu de dominos ne ressemble à aucun autre de votre connaissance.

Quelle logique se cache derrière ces dominos ? Quel est le code requis ?

Besoin d'un indice ?
Voir Aide 40

Solution
Voir Réponse 40

SI  **=7946**

ET  **=9187**

ALORS  **=????**

Entrez le code : __ __ __ __

Tous les codes ont été transmis avec succès.

Le quartier général a désormais toutes les informations dont il a besoin. Après vous être déconnecté, vous vous exfiltrez du site aussi vite que possible. Il ne fait pas bon fréquenter ces gens-là de trop près, au risque de se laisser influencer par leur vision déformée de la justice.

Cela prend du temps mais, une semaine plus tard, vous apprenez que votre mission a été un énorme succès : leur darknet a été éradiqué, et vous avez mis un frein à leurs activités dans le monde réel par la même occasion.

Cinq missions couronnées de succès en à peine quelques mois, voilà une prouesse phénoménale. Le moment semble venu de s’octroyer une pause bien méritée, non ?

Mais votre téléphone sonne à nouveau très vite...

DOSSIER 6
ESPIONNAGE INDUSTRIEL

MISE À JOUR... MISE À JOUR... MISE À JOUR...

Nous avons découvert qu'une grande partie des marchandises expédiées via le Darknet a été envoyée dans un complexe industriel que nous surveillons depuis quelques temps déjà.

Allez sur place, infiltrez le site et rassemblez le plus d'informations possible. Nous avons besoin de récupérer un certain nombre de codes secrets, et vous êtes la personne la mieux placée et la plus qualifiée pour mener à bien cette mission.

Gardez l'œil ouvert sur toute activité suspecte et ramenez-nous tous les renseignements que vous pourrez trouver.

Nos informations nous confirment qu'une fois de plus, vous devrez découvrir 8 codes à 4 chiffres qui nous permettront d'accéder à leurs dossiers sécurisés.

Nous savons que nous pouvons compter sur vous, agent. Mais bonne chance quand même.

– G

CONCENTREZ-VOUS SUR LE MOMENT PRÉSENT

Tellement de cadrans… et ils sont tous si vieux ! Même les chiffres inscrits dessus sont anciens.

Parviendrez-vous à leur trouver un sens pour découvrir le code à 4 chiffres dont vous avez besoin pour avancer ?

Besoin d'un indice ?
Voir Aide 41

Solution
Voir Réponse 41

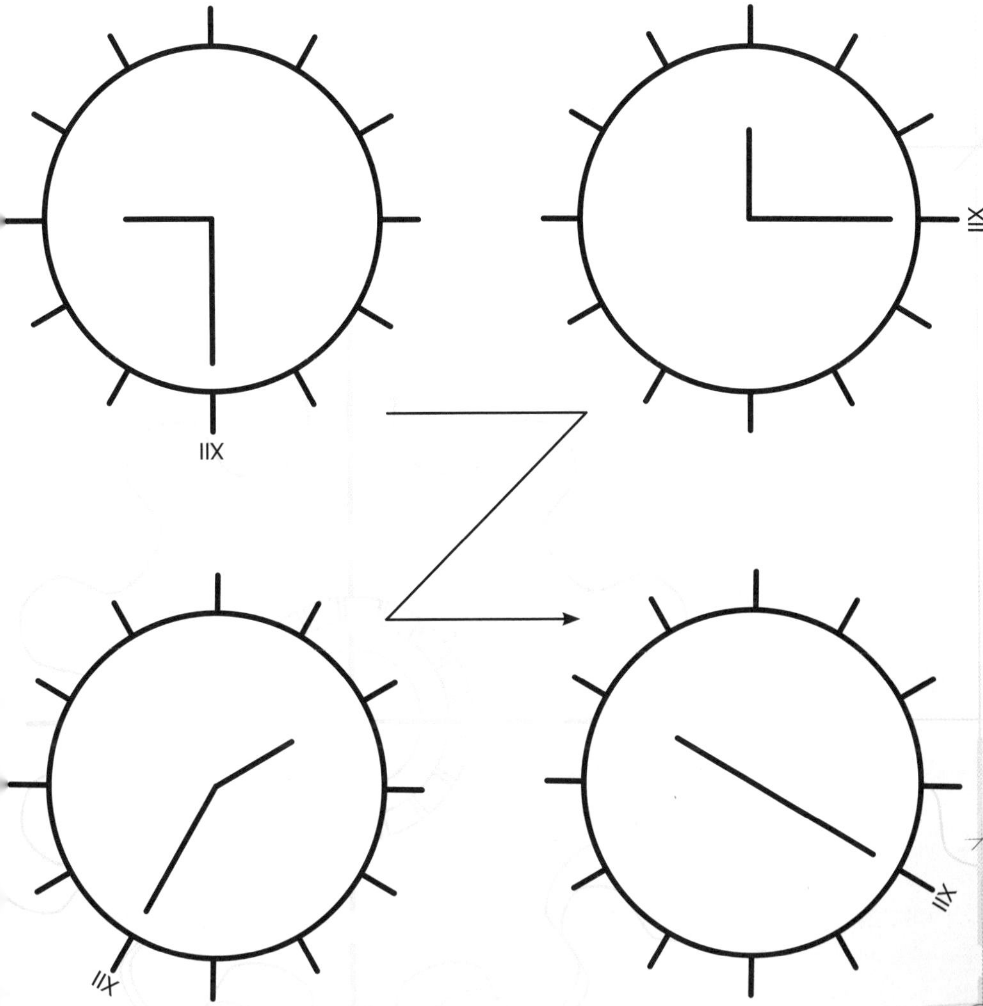

Entrez le code : __ __ __ __

LE CONVOYEUR NUMÉRIQUE

Quelqu'un semble avoir essayé de moderniser le système de ce convoyeur pour le faire entrer dans l'ère du numérique. Le voilà désormais recouvert de chiffres.

Suivez les commandes pour déduire le code et l'arrêter.

Besoin d'un indice ?
Voir Aide 42

Solution
Voir Réponse 42

9	6	1	4
6	0	5	3
2	1	6	2
5	4	7	3
8	7	9	0
3	2	8	1
7	6	4	8
1	5	7	9

(blanc)	NON
(grisé)	AVANCER

?	?	?	?

Entrez le code : __ __ __ __

DES INFORMATIONS DATÉES

Dans cette salle de réunion à l'abandon, vous tombez sur deux vieux calendriers. Pourquoi ne les a-t-on pas balancés à la poubelle ?

Additionnez les informations des deux calendriers pour trouver un code à 4 chiffres dont la somme est égale à 28.

Besoin d'un indice ?
Voir Aide 43

Solution
Voir Réponse 43

j m a a

Entrez le code : __ __ __ __

CLOUÉS AU PANNEAU D'AFFICHAGE

Dans cette autre salle, des morceaux de papier ont été cloués sur un panneau d'affichage.

Quelles informations ces papiers peuvent-ils bien cacher ? **Quel est le code à 4 chiffres dont vous avez besoin ?**

Besoin d'un indice ?
Voir Aide 44

Solution
Voir Réponse 44

↑ 6
← 3
↓ 3
→ 3

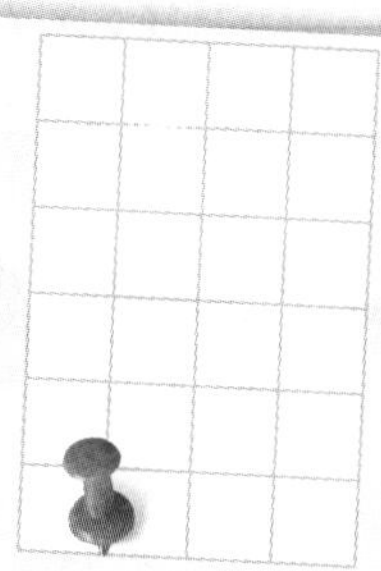

→ 3
↑ 3
← 3
↑ 3
→ 3

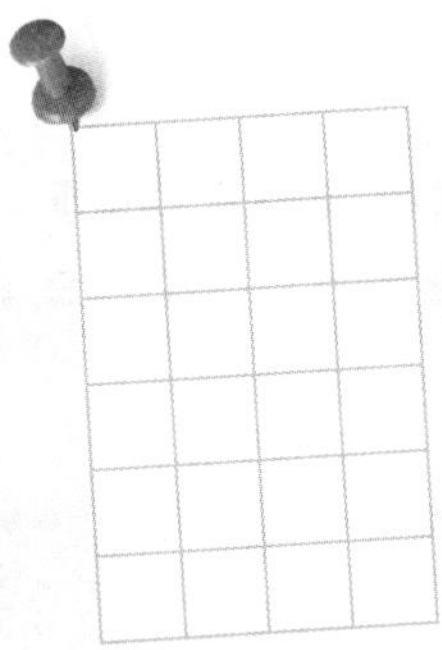

→ 3
↓ 3
← 2
→ 2
↓ 3
← 3

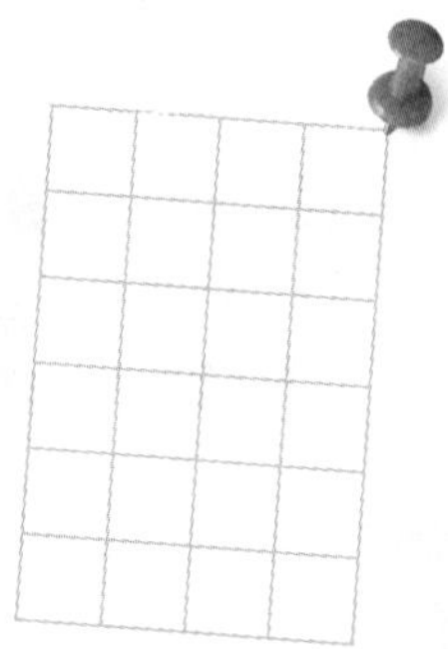

← 3
↓ 6
→ 3
↑ 6

Entrez le code : __ __ __ __

POST-IT EN SÉRIE

Il semblerait que quelqu'un ait noté des numéros de téléphone utiles et des dates sur ces post-it.

Et si ces chiffres étaient des indices pour trouver un code à 4 chiffres ?

Besoin d'un indice ?
Voir Aide 45

Solution
Voir Réponse 45

Poste n°001

07284752739

3/11

Poste n°003

0442859676

6/10

Poste n°002

028474927422

5/12

Poste n°004

04742751137

9/11

Entrez le code : __ __ __ __

CALCUL INTÉGRAL

À première vue, la résolution de cette énigme semble évidente. Sauf que ces calculs ont tous l'air erronés. Pour quelle raison ?

Découvrez la somme manquante qui vous donnera le code à 4 chiffres.

Besoin d'un indice ?
Voir Aide 46

Solution
Voir Réponse 46

2579 + 2 = 4791

1583 + 3 = 4816

3704 + 7 = 0471

8261 + 4 = 2605

6179 + 5 = ????

Entrez le code : __ __ __ __

ENFERMÉ DEHORS

Vous êtes enfermé à l'extérieur d'une salle où vous devez absolument entrer, mais **vous êtes sûr de pouvoir retrouver le code de la porte en vous servant des pièces ci-contre.**

Quel est le code à 4 chiffres ?

Besoin d'un indice ?
Voir Aide 47

Solution
Voir Réponse 47

Entrez le code : ___ ___ ___ ___

Dossier : 6 // Dispositif : 8 // Affaire : Espionnage industriel

PRÊT POUR L'EXTRACTION

Vous feriez mieux de vous dépêcher. On dirait bien qu'ils ont découvert la présence d'un intrus sur le site.

Transmettez le prochain code et vous en aurez fini. Il vous suffit de **mettre vos indices en ligne pour l'extraction des données.**

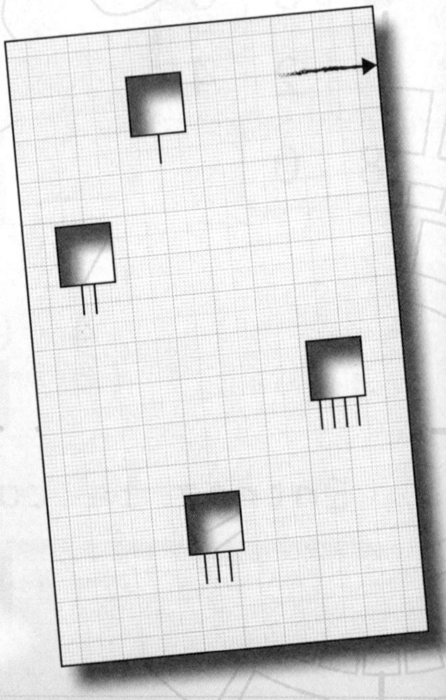

Besoin d'un indice ?
Voir Aide 48

Solution
Voir Réponse 48

5 / 12 > 0 2 44? ←

1 2 3 4 5 6 7 8 9 0 (+32)

1969, 1854, 1 1 8 1

318 4 756 3 847 5 618
37456

Entrez le code : __ __ __ __

Ce n'est pas passé loin !

Votre couverture a failli voler en éclats mais on dirait bien que vous avez réussi à sortir juste à temps.

Ceci dit, le jeu en valait la chandelle. Les renseignements que vous avez dénichés nous seront essentiels pour combattre ces criminels sur tous les fronts. Grâce aux informations que vous avez récupérées au sein même de leur complexe industriel, nous serons mieux préparés pour réagir à toute nouvelle action de leur part.

Une chose est sûre, leurs activités semblent bien plus avancées que ce que nous le pensions. Tout ceci n'augure rien de bon.

Et d'ailleurs, alors que la voiture envoyée par le quartier général s'éloigne en vitesse après vous avoir récupéré, vous constatez avec surprise que le véhicule ne prend pas la direction à laquelle vous vous attendiez.
Il semblerait que les événements s'accélèrent. Quelle sera votre prochaine destination ?

DOSSIER 7
LES PLANS

MISE À JOUR... MISE À JOUR...
MISE À JOUR...

Il semblerait que le cerveau derrière cette entreprise criminelle soit un homme bien connu de nos services. Son surnom : l'Architecte.

L'origine de ce sobriquet n'est pas difficile à deviner, étant donné que c'est lui qui est à la tête de cette organisation. Mais par un hasard si improbable que vous-même avez du mal à y croire, il s'avère que dans la vie de tous les jours, cet homme est aussi... un architecte.

Vous êtes en chemin pour infiltrer son cabinet. Le quartier général a de bonnes raisons de penser qu'il a l'habitude d'y conserver des informations détaillées sur ses activités criminelles. Cela semble peu probable, mais ces gens-là ont tendance à pécher par excès de confiance. Et c'est peut-être ce qui causera sa perte...

Le temps est venu de découvrir si vous pouvez vous mesurer à un ennemi de cette envergure, mais n'oubliez pas de mettre chaque épreuve rencontrée en perspective pour mieux les élucider.

Bonne chance, agent. Pour mener cette mission à son terme, vous allez devoir découvrir 7 codes à 4 chiffres et un code à 5 chiffres.

La voiture est là. Il est l'heure d'y aller.

– G

UNE QUESTION DE SURFACE

Il manque certaines valeurs sur ce plan.

Il vous suffit peut-être de les découvrir afin de trouver le code à 4 chiffres nécessaire pour entrer dans la prochaine pièce.

Besoin d'un indice ?
Voir Aide 49

Solution
Voir Réponse 49

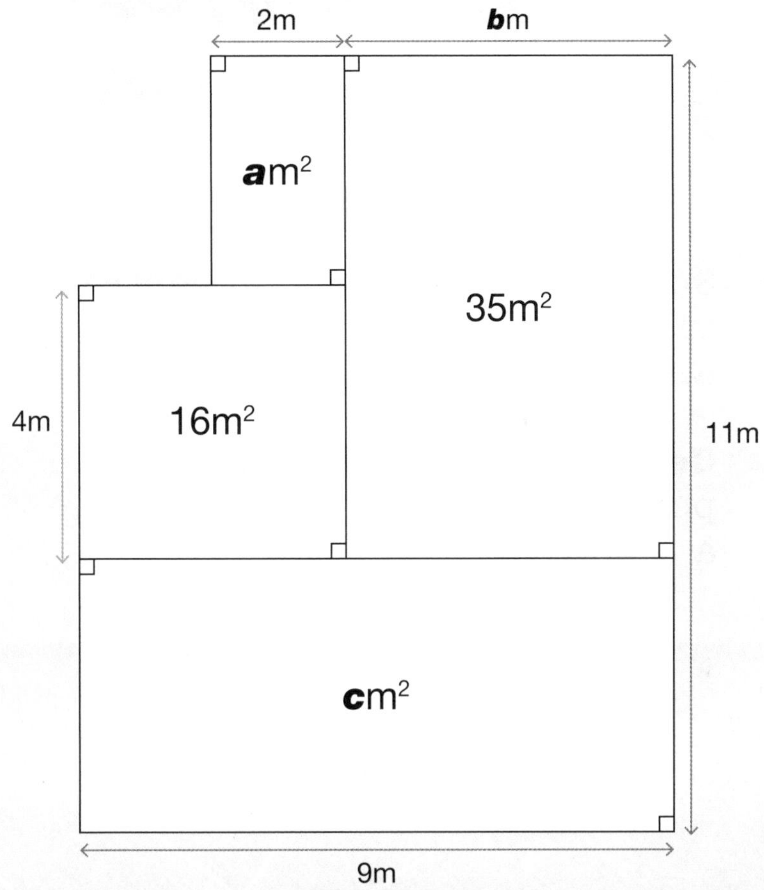

Entrez les dimensions :

__ __ __ __

LE PLAN DE LA VILLE

Sur ce plan, les rues du centre-ville ont été partiellement annotées.

Cela pourrait-il être un indice pour découvrir le prochain code à 4 chiffres ?

Besoin d'un indice ?
Voir Aide 50

Solution
Voir Réponse 50

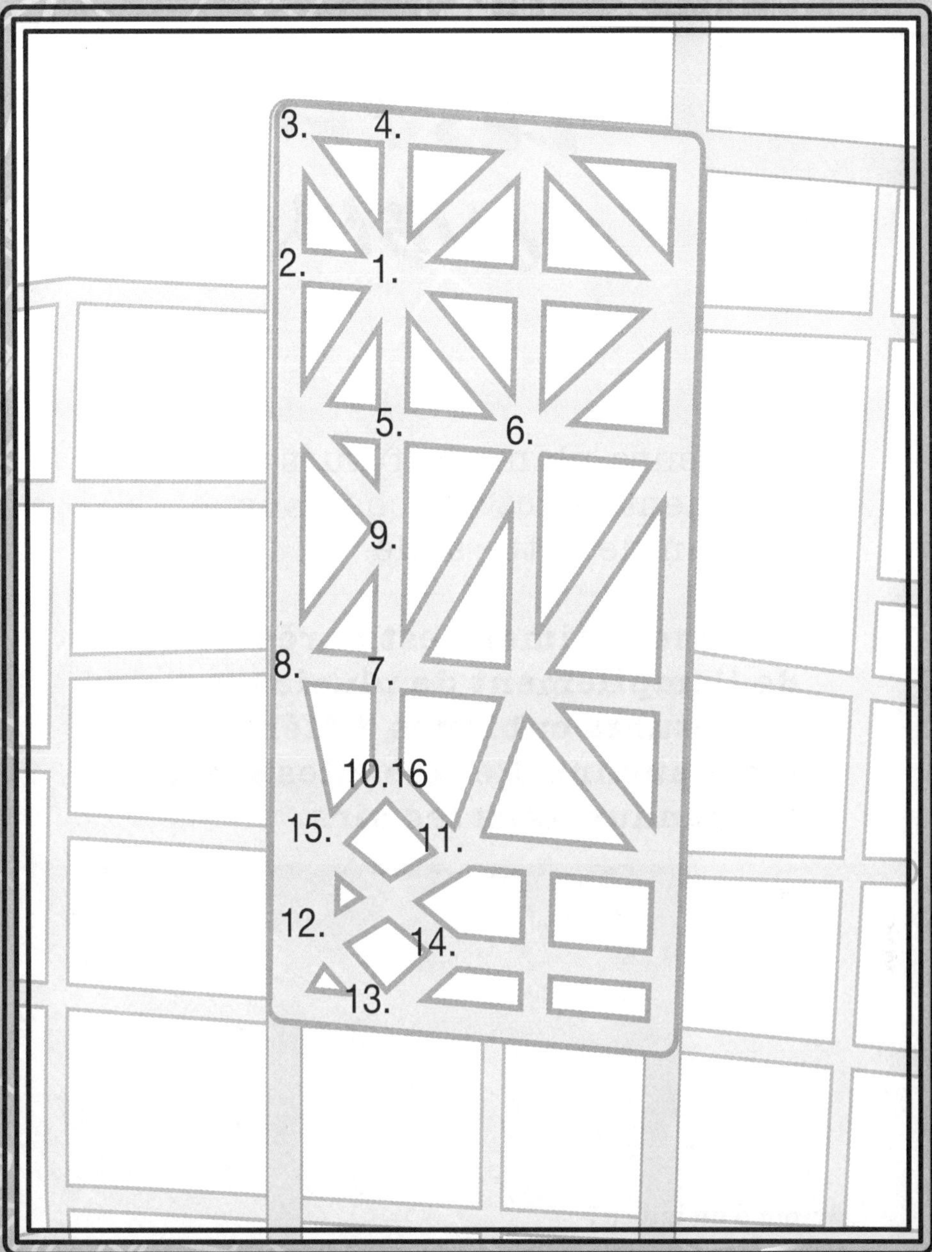

Entrez le code : __ __ __ __

LES PLANS CUBIQUES

Plusieurs plans de futurs bâtiments sont affichés sur l'écran de cette salle.

Chaque bâtiment est le résultat de l'empilement de plusieurs structures cubiques différentes, mais aucune d'entre elles n'est suspendue dans les airs.

Besoin d'un indice ?
Voir Aide 51

Solution
Voir Réponse 51

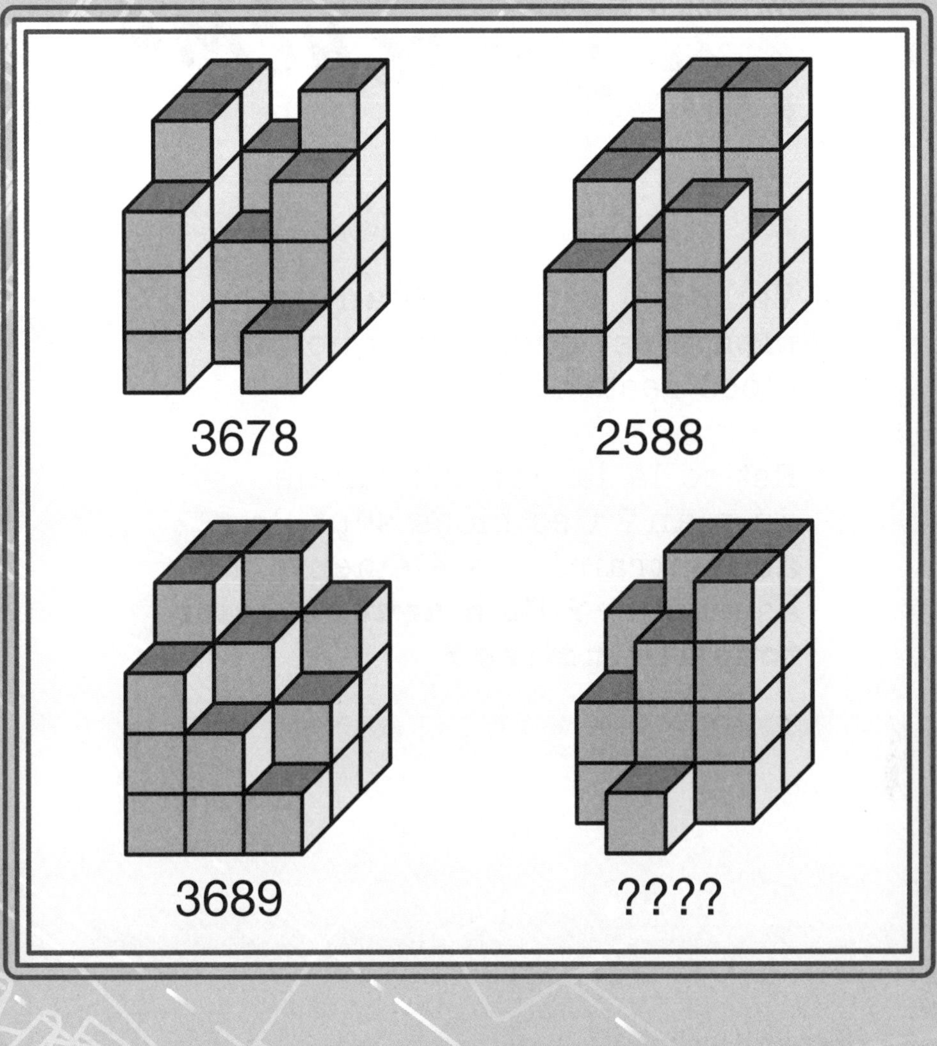

Entrez le code du plan :

__ __ __ __

ENCORE BLOQUÉ PAR UN SCHÉMA

Voilà qui est intriguant... Ce plan n'est constitué que de blocs rectangulaires.

Est-ce là la version finale du plan ? Ces blocs sont-ils au contraire des éléments à assembler ? **Comment associer tous ces indices ?**

Besoin d'un indice ?
Voir Aide 52

Solution
Voir Réponse 52

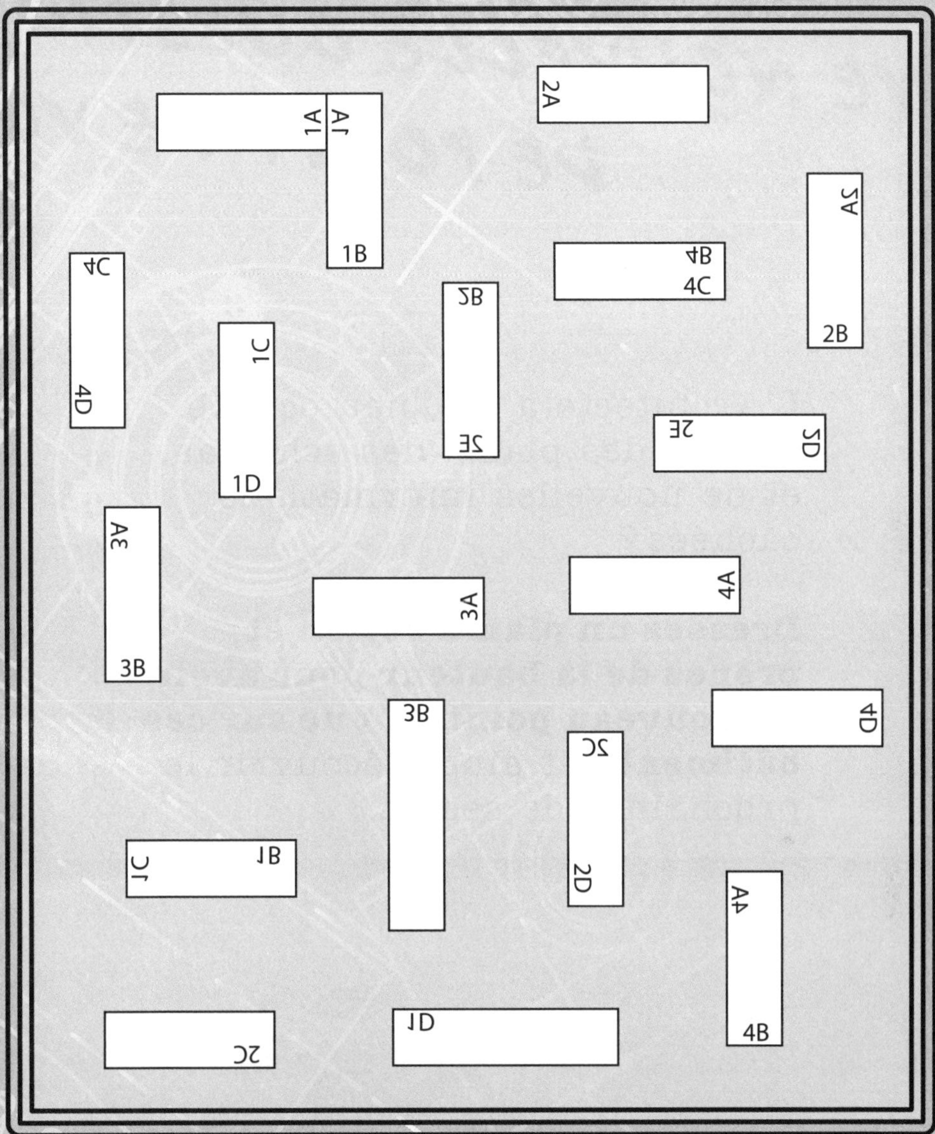

Entrez le code : __ __ __ __

UNE NOUVELLE QUESTION DE POINT DE VUE

L'Architecte a été bien occupé. Encore des plans, des schémas... et de nouvelles informations cachées ?

Dressez un plan d'action et prenez de la hauteur pour avoir un nouveau point de vue sur ces bâtiments et ainsi découvrir le prochain code secret.

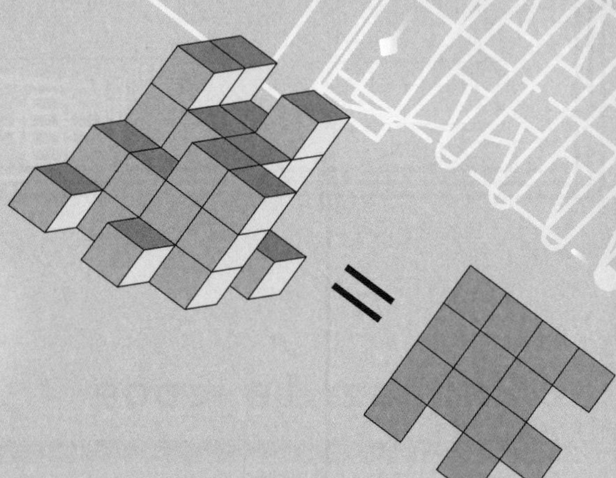

Besoin d'un indice ?
Voir Aide 53

Solution
Voir Réponse 53

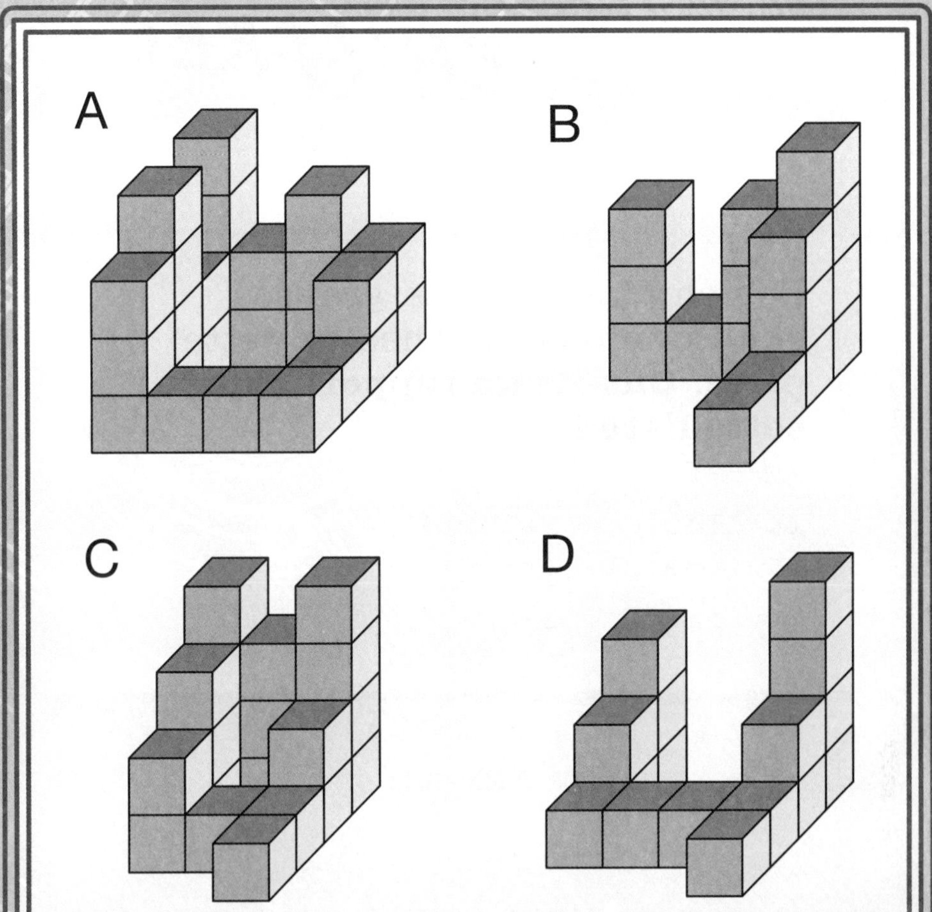

Entrez le code : ___ ___ ___ ___

Dossier : 7 // **Coffre :** 6 // **Affaire :** Les plans

UNE PLINTHE CHIFFRÉE

Des chiffres ont été gravés sur l'une des plinthes de cette pièce. **Ont-ils un rapport avec cette liste ?**

017465	347578	494857
029385	382644	894742
102624	387562	
293847	459204	

Besoin d'un indice ?
Voir Aide 54

Solution
Voir Réponse 54

4	2	6	2	0	1	3
5	6	4	7	1	0	4
8	1	0	7	4	9	7
3	8	2	6	4	4	5
9	9	9	8	8	9	7
2	6	5	7	8	3	8
0	7	4	8	3	9	2

Entrez le code : __ __ __ __

CO-ORDINATION REQUISE

C'est bien d'un code à 4 chiffres dont vous avez besoin, mais au lieu de ça, vous avez trouvé un code à 8 chiffres.

Pourrez-vous **convertir le code à 8 chiffres en haut de la grille en son équivalent à 4 chiffres ?**

Besoin d'un indice ?
Voir Aide 55

Solution
Voir Réponse 55

18 30 32 22

12	1	3	8	4	2	9
11	3	1	7	8	9	2
10	6	7	5	2	1	5
9	1	7	4	3	2	3
8	5	4	6	4	5	7
7	5	8	6	7	1	9
×	1	2	3	4	5	6

Entrez le code : __ __ __ __

(PAS) DE QUOI SE PLIER EN QUATRE

Les plans sont en général des schémas imprimés sur du papier... Ce schéma-ci semble vous indiquer comment manipuler du papier.

Nous comptons sur vous pour percer à jour leur plan.

Besoin d'un indice ?
Voir Aide 56

Solution
Voir Réponse 56

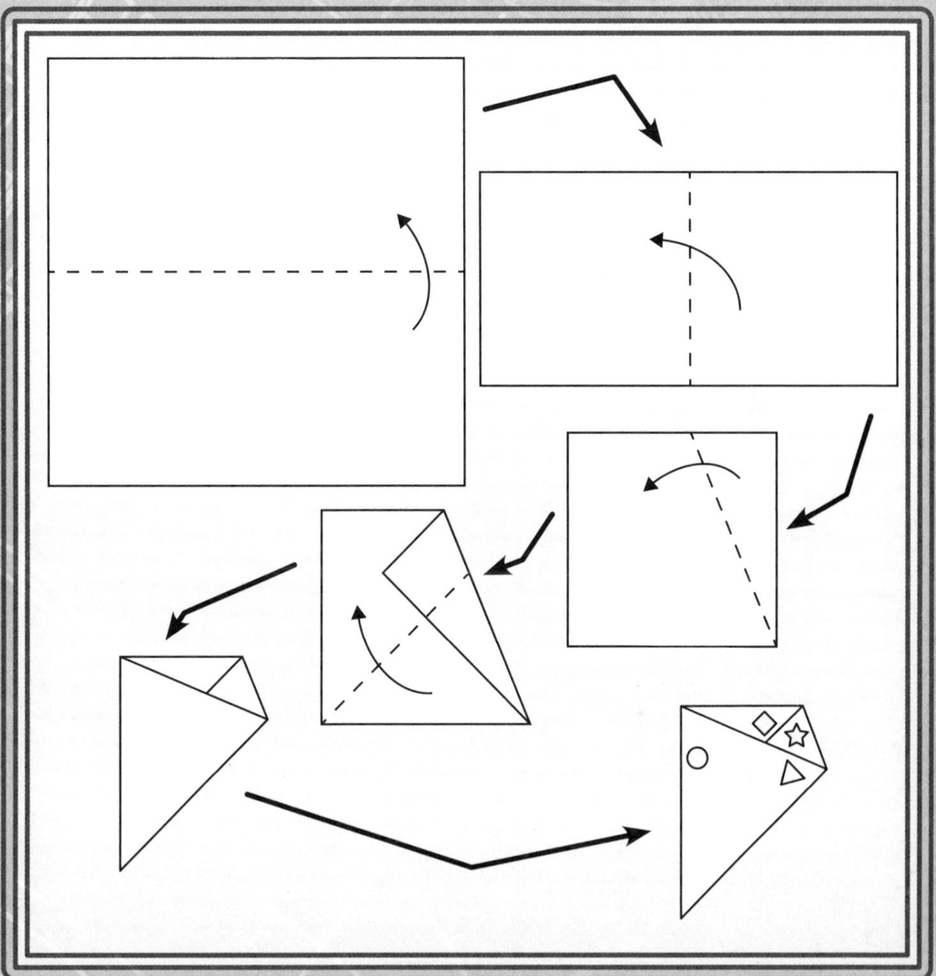

Entrez les 5 chiffres :

__ __ __ __ __

Encore une mission couronnée de succès !

Félicitations ! Vous avez réussi à retrouver tous les codes. L'étau se resserre sur l'Architecte et son cabinet.

Grâce à vous, nous avons fait des progrès considérables en un temps record. Tout est en place pour une dernière mission afin de clore ce dossier une bonne fois pour toutes.

Avant cela, il est temps de débriefer le quartier général et de leur transmettre tout ce que vous avez découvert lors de cette mission.

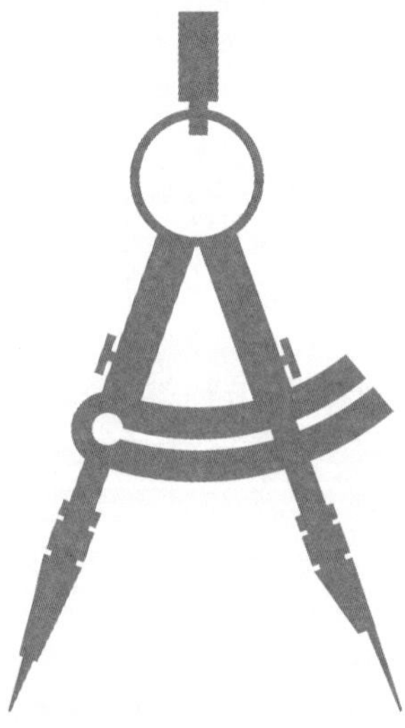

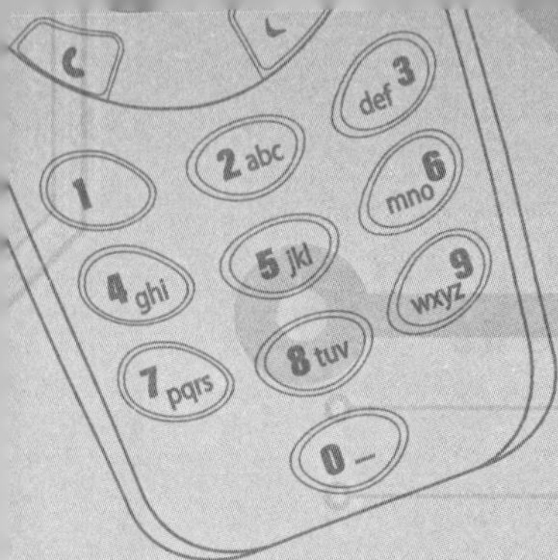

DOSSIER 8

TECHNOLOGIE EN PÉRIL

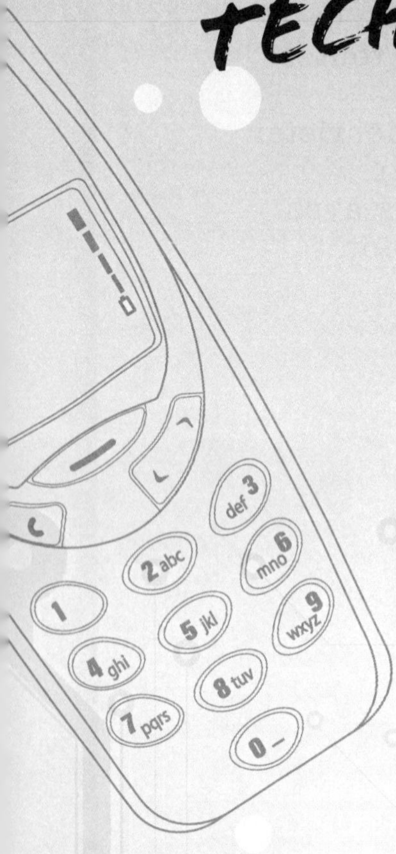

MISE À JOUR... MISE À JOUR... MISE À JOUR...

Nous y sommes ! C'est la dernière mission. Notre ultime chance de les faire tomber une bonne fois pour toutes.

On vous a déposé dans un lieu tenu secret : un ancien entrepôt rempli de vieux appareils à la technologie datée et dans des conditions disparates. Certains d'entre eux fonctionnent très bien quand d'autres sont en pièces détachées.

Vous tombez tout d'abord sur des piles de vieux téléphones. Quelques-uns se mettent à sonner. De plus en plus étrange...

Découvrez ce qui se cache sous ce bazar et nous nous occupons du reste. Vos découvertes sur ce site nous fourniront les derniers éléments dont nous avons besoin non seulement pour les arrêter, mais aussi pour les envoyer à l'ombre pour de bon.

Nous avons besoin de 8 codes, chacun composé de 4 chiffres.

Nous comptons sur vous.

– G

(RÉ)ÉCRITURE ROMAINE

Il y a quelque chose d'étrange dans cette liste d'identifiants de connexion écrits en chiffres romains. C'est peut-être un message secret.

Quel code à 4 chiffres en ressort ?

Besoin d'un indice ?
Voir Aide 57

Solution
Voir Réponse 57

II

XIII

XV

I

XVI

IIX

X

IIIV

VIIII

IX

IIIX

XX

Entrez le code : __ __ __ __

DIVISER POUR MIEUX RANGER

Ces dossiers pourraient contenir des renseignements de premier ordre, mais un intercalaire manque dans chacun d'entre eux.

Parviendrez-vous à identifier les éléments manquants et ainsi recomposer le code à 4 chiffres ?

Besoin d'un indice ?
Voir Aide 58

Solution
Voir Réponse 58

Entrez le code : __ __ __ __

UN VRAI CASSE-TÊTE

ALERTE : Recherche de données manquantes

0108	4652	6072	8408
0184	5604	6927	9274
0683	5610	7397	
1837	5829	7699	
2685	6016	8204	

Besoin d'un indice ?
Voir Aide 59

Solution
Voir Réponse 59

9	4	7	2	9	6	5
2	3	3	5	5	6	0
8	8	8	6	0	1	9
5	6	1	4	0	6	7
8	0	4	8	8	3	7
6	7	6	9	9	1	0
2	2	0	7	2	9	0

Entrez le code : __ __ __ __

IMAGES NUMÉRIQUES (BIS)

Hmm… La mise en page de cette grille vous rappelle quelque chose.

Avez-vous déjà vu une grille de ce genre ? Rangez les chiffres du plus petit au plus grand.

Besoin d'un indice ?
Voir Aide 60

Solution
Voir Réponse 60

												2			
		2	2	2		7	7			2	2	3	2		
		3	3	3	3	3	3			3	2	2	2	10	
	7	7	7	6	2	2	2	7	7	7	4	4	4	4	6
3, 2															
3, 3, 6															
3, 3, 6															
3, 2															
3, 3, 3, 2															
3, 3, 3, 2															
3, 3, 1, 1, 1															
1															
7, 2, 3															
7, 2, 3															
7, 2															
4, 6															
7, 6															
7, 6															
3, 6															

Entrez le code : __ __ __ __

UNE AIGUILLE DIGITALE DANS UNE BOTTE DE FOIN NUMÉRIQUE

Intéressant. Vous avez de nouveau besoin d'un code à 4 chiffres, et vous êtes sûr que ce bloc-notes renferme quelque part ces chiffres... reste maintenant à savoir où chercher.

Regardez ce bloc-notes de près. Puis regardez-le à nouveau.

Besoin d'un indice ?
Voir Aide 61

Solution
Voir Réponse 61

→						→					
9	4	5	3	7	6	9	4	5	3	7	6
1	2	7	8	2	4	1	2	7	8	2	4
3	8	2	6	1	5	3	8	5	6	1	5
7	1	4	3	6	1	7	1	4	3	6	1
1	4	8	5	8	2	1	4	8	5	8	2
5	7	1	7	9	1	5	7	1	7	9	1
8	9	6	3	4	9	8	9	6	3	4	6
6	2	5	7	6	5	6	2	5	7	6	5
1	8	6	4	5	8	1	4	6	4	5	8
4	6	9	3	2	7	4	6	9	3	3	7
7	2	5	4	6	1	7	2	5	4	6	1
6	8	7	1	5	3	6	8	7	1	5	3
		↑			↑		↑			↑	
		↑			↑					↑	
		↑			↑						
					↑						

Entrez le code : __ __ __ __

APPELONS UN NUMÉRO UN NUMÉRO

Quatre touches dont les numéros sont encore visibles… et quatre chiffres à trouver pour le code. Simple, non ?

Malheureusement, vous avez découvert avant d'entrer dans cette salle que **la somme des chiffres du code est égale à 9.** Votre déduction initiale – 4312 – est donc fausse.

Besoin d'un indice ?
Voir Aide 62

Solution
Voir Réponse 62

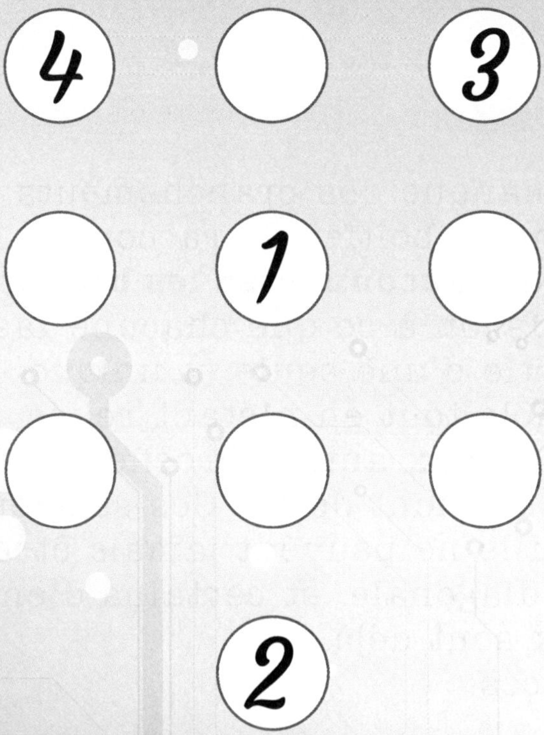

Entrez le code : __ __ __ __

RECONNEXION DU CIRCUIT

Il manque des branchements dans ce boîtier de raccordement. **Reconnectez les broches** de façon à ce que chacune fasse partie d'une seule et unique boucle tout en n'étant reliée qu'à deux autres broches par un segment de fil. Ces segments de fils ne peuvent jamais être en diagonale, et certains d'entre eux sont déjà placés.

Besoin d'un indice ?
Voir Aide 63

Solution
Voir Réponse 63

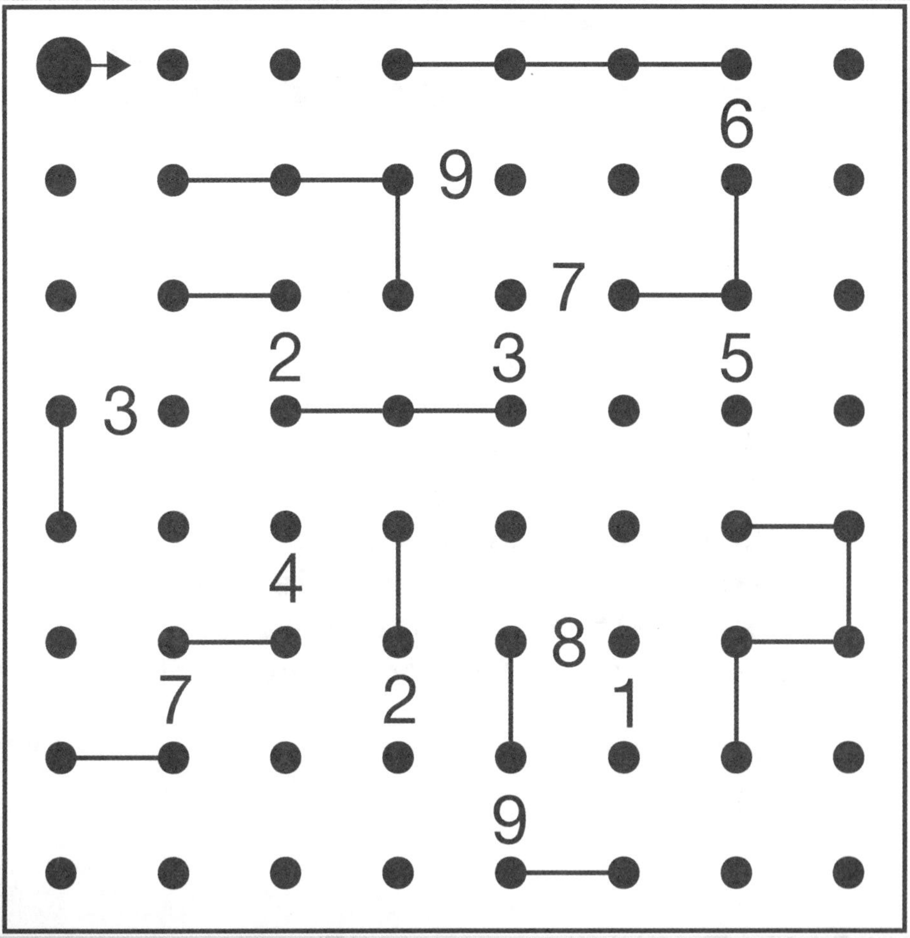

Entrez le code : __ __ __ __

SUIVEZ LES FLÈCHES

Il vous manque un dernier code à 4 chiffres pour conclure votre mission.

Parviendrez-vous à finir le tracé et identifier le code requis pour mettre hors service leurs serveurs une fois pour toutes ?

Besoin d'un indice ?
Voir Aide 64

Solution
Voir Réponse 64

4825	4026	8527	7043	1058	9825
3619	9623	7456	0384	2376	7365
6495	6129	4962	1702	1890	5390
8739	2013	5924	3071	6201	2468
5938	7495	1832	4197	7251	
4856	3162	8607	3851	2083	

Entrez le code : __ __ __ __

Et vous en avez fini !

Vous avez réussi ! Vous avez découvert les dernières informations cruciales. Nous pouvons déployer l'équipe d'intervention et procéder à leur arrestation. C'est la prison qui les attend. Le monde n'en sera que plus sûr, et c'est grâce à vous et à votre talent pour enquêter, comprendre et résoudre des énigmes.

Il est vraiment temps pour vous de souffler, de vous reposer et de prendre des vacances bien méritées.

Félicitations, agent infiltré. Vous avez mené à bien les huit missions et résolu les 64 énigmes !

INDICES

Aide 1

- Les quatre flèches pointent vers quelque chose en particulier
- Le nombre de pointes sur chaque flèche est important

Aide 2

- Sous bien des aspects, ce casse-tête est d'un genre très répandu
- Placez chaque nombre dans la grille, un chiffre par case, de la gauche vers la droite ou de bas en haut, à la place qui lui revient de droit
- L'un de ces codes n'aura pas sa place dans la grille : ce sera la réponse

Aide 3

- Il y a 4 chiffres à trouver et 4 séries numérotées de points cardinaux
- À l'intérieur de chaque série, les points cardinaux sont reliés par des flèches, vous indiquant l'ordre dans lequel les utiliser
- Commencez par le premier point cardinal sur l'image de droite, NE se trouvant en haut à droite, E au milieu à droite, et ainsi de suite
- Tracez le chemin direct emprunté entre deux points cardinaux de chaque série

INDICES

Aide 4

- Est-ce bien un 6 en bas du cadran? Quel est le chiffre à droite?
- Il y a un 3 en haut de la page; faites le tour du cadran et vous comprendrez que le 6 en bas est en réalité un 9
- Faites le tour en lisant tous les chiffres

Aide 5

- Prêtez attention aux formes géométriques et au texte de l'encadré du code
- Il vous suffit de compter le nombre d'occurrences de chaque forme géométrique

Aide 6

- Repositionnez chaque tuile afin que l'image représente 4 chiffres
- Nul besoin de faire pivoter les tuiles
- L'image finale fera toujours 3 tuiles de large sur 2 tuiles de haut

Aide 7

- Prêtez attention au morceau de papier où est écrit « + + + » en haut de la page de droite
- Additionnez chaque ligne de chiffres
- Laquelle fait tâche?
- Laquelle est différente? Pour laquelle « le compte n'y est pas? »

INDICES

Aide 8

- Repositionnez chaque tuile afin que l'image représente 4 chiffres
- Nul besoin de faire pivoter les tuiles l'une par rapport à l'autre, mais vous devez néanmoins toutes les faire pivoter le même nombre de fois
- L'image finale sera celle d'un rectangle parfait

Aide 9

- Prêtez attention aux symboles mathématiques
- Prêtez également attention aux formes géométriques au-dessus de l'encadré du code, en bas de la page de droite
- Déterminez le chiffre associé à chaque forme grâce à des règles basiques d'algèbre

Aide 10

- Le titre de cette énigme contient un indice capital
- Prêtez attention à la ligne verticale au centre de la boîte de Pétri
- Faites refléter un côté de la boîte de Pétri sur l'autre
- Des chiffres vont alors apparaître
- Remettez ces chiffres dans l'ordre, du plus clair au plus foncé

Aide 11

- Prêtez attention au tableau périodique des éléments dont vous apercevez une partie en bas à gauche
- Revenez aux pages précédentes pour découvrir une autre partie du tableau périodique des éléments

INDICES

- Le tableau périodique attribue une valeur à chaque élément (son numéro atomique)
- Faites les opérations mathématiques demandées
- Classez les chiffres en observant les marques sur chaque récipient

Aide 12

- Faites le calcul
- Appuyez sur chaque touche dans l'ordre indiqué
- Quelle est la valeur de départ ?

Aide 13

- Prêtez attention au titre (« Des allumettes qui font long feu ») et au texte (« les allumettes ne se valent pas toutes »)
- Certaines allumettes sont plus longues que d'autres ; étudiez-les de près
- Quelles formes les groupes d'allumettes plus longues dessinent-ils ?

Aide 14

- Le tableau vous indique quatre chiffres mystères, notés de a à d
- Déterminez quel chiffre peut remplir les conditions requises dans chaque colonne de « a » à « d »
- Par exemple, le chiffre a est un nombre premier, pair, mais n'est ni un carré, ni un cube
- Dans la plage de chiffres requise, il n'y en a qu'un seul qui remplisse tous les critères

INDICES

Aide 15

- Si le graphique a pour origine (0,0) et si l'on part du principe que la même échelle est appliquée aux deux axes, alors la première graduation sur l'axe vertical (l'axe des ordonnées) doit un être un 1, la deuxième graduation un 2 et ainsi de suite
- Quelle est la graduation sur l'axe vertical en face de la croix associée à la graduation 1 de l'axe horizontal?

Aide 16

- « Encore et toujours des calculs », d'après le titre de l'énigme : suivez ce conseil à la lettre
- Commencez par 1 × 2
- Puis multipliez ce résultat par 3 et ainsi de suite

Aide 17

- Venez à bout des quatre labyrinthes séparément
- Trouvez le meilleur itinéraire possible afin de relier les deux issues sans détour pour chacun d'entre eux
- Suivez à la lettre le texte sur la page de gauche : qu'est-ce qui ne se trouve pas sur chaque itinéraire emprunté?
- Prêtez attention aux chiffres 1, 2, 3 et 4 inscrits à l'extérieur des formes circulaires qui vous indiquent un ordre de classement

INDICES

Aide 18

- Comptez le nombre total de carrés et de rectangles dans chacune des quatre images
- Prêtez attention aux chiffres 1, 2, 3 et 4 inscrits à l'extérieur des formes circulaires qui vous indiquent l'ordre de classement

Aide 19

- Changez d'angle de vue pour chaque encadré en suivant l'instruction indiquée dans l'intitulé de l'énigme
- Faites pivoter chaque image de 180 degrés
- Prêtez attention aux lettres inscrites à l'extérieur des formes circulaires qui vous indiquent l'ordre de classement

Aide 20

- Prêtez attention au libellé de la phrase « vous pourrez ensuite trouver la Solution Unique au Défi, OK? Un, deux, trois et quatre seront les seuls chiffres dont vous aurez besoin. »
- Les lettres en majuscule épellent le nom d'un casse-tête bien connu
- Combinez les quatre images pour former une grille de sudoku de 4 cases par 4, puis résolvez-le
- Certaines cases sont grisées
- Prêtez attention aux chiffres 1, 2, 3 et 4 inscrits à l'extérieur des formes circulaires qui vous indiquent un ordre de classement

INDICES

Aide 21

- Tenez la page devant vos yeux puis inclinez-la doucement vers l'avant
- Si vous observez les quatre cases sous un certain angle, vous devriez voir apparaître 4 chiffres répétés dans chaque case
- Prêtez attention aux opérations inscrites à l'extérieur des formes circulaires qui vous donnent un ordre de classement

Aide 22

- C'est une vie dans l'ombre » : en d'autres termes, il va vous falloir ombrer certaines cases
- Ombrez toutes les cases où l'addition des coordonnées de chaque ligne et colonne donne un nombre impair
- Ombrez les cases (1,2) (1,4) (2,1) (2,3) et ainsi de suite
- Prêtez attention aux chiffres romains inscrits à l'extérieur des formes circulaires qui vous indiquent un ordre de classement

Aide 23

- Vous allez devoir résoudre individuellement ces 4 grilles communément appelées « hanjie ».
- Les chiffres 1 1 1 en haut de la grille signifient que les cases des colonnes concernées doivent suivre ce modèle : case noircie, case claire, case noircie, case claire, case noircie
- Le chiffre 5 en face des lignes horizontales signifie que toutes les cases de ces lignes doivent êtres noircies

INDICES

- Continuez de croiser les chiffres jusqu'à ce que chaque grille soit complète
- Prêtez attention aux éléments chimiques inscrits à l'extérieur des formes circulaires qui vous indiquent un ordre de classement. Référez-vous aux pages 32 à 42 pour les convertir en numéros atomiques

Aide 24

- Dans chaque image, invertissez la couleur des points d'une ligne et d'une colonne (les points blancs devenant gris et vice-versa) afin que ceux-ci se combinent avec les autres points gris et fassent apparaître un chiffre en affichage numérique classique
- L'image en bas à droite est idéale pour débuter : vous devrez griser tous les points de la ligne et de la colonne concernées
- L'image en bas à droite est censée représenter un 4
- Prêtez attention aux points inscrits à l'extérieur des formes circulaires qui vous indiquent un ordre de classement

Aide 25

- Vous devez trouver la suite de chiffres du « quadrant delta », notée « δ???? »
- Observez les autres constellations pour découvrir l'origine des chiffres dans leur nom
- Comptez le nombre de branches de chaque étoile

INDICES

Aide 26

- Comme le dit le titre : « Impair et manque »
- Comme vous y invitent les instructions, « n'évitez aucun impair »
- Concentrez-vous uniquement sur les chiffres impairs
- Considérez les coupures en haut de la feuille de papier en face de chaque colonne comme des flèches pointant vers le bas
- Résolvez chaque colonne avec le signe mathématique donné

Aide 27

- Fiez-vous au titre, il va vous falloir « regrouper les infos »
- L'addition à effectuer n'est pas habituelle dans sa forme, à en croire l'exemple dans le texte
- Comment fusionner le 2 et le 5 pour en faire un 8 ?
- Appliquez le même modèle aux horaires sur la page de droite

Aide 28

- Tracez quatre constellations de quatre étoiles
- Ces quatre étoiles doivent être reliées entre elles en respectant l'ordre exact du modèle dans les instructions
- Une fois que vous avez tracé les quatre constellations sans que celles-ci ne se croisent, que forment-elles ?
- Prêtez attention à la rose des vents et à la ligne notée O.-E. avec des symboles d'étoiles au-dessus de l'encadré réservé au code

INDICES

Aide 29

- Deux types de calcul vous sont donnés en exemple
- Comment faire pour que le résultat de ces exemples soit correct ?
- Vous n'avez pas besoin de les modifier ; c'est une question de perspective
- Faites pivoter le livre
- Remplissez les cases manquantes
- Prêtez attention aux différences entre les coins de ces cases

Aide 30

- Les instructions font référence à un « reflet dans un miroir »
- Vous devez donc tracer le reflet des formes présentées

Aide 31

- Prêtez attention à l'exemple, noté « eg »
- Il vous montre comment traduire les perles
- Dans l'exemple, elles se traduisent par un e puis par un g
- Consultez la page 68 : que voyez-vous sur la gauche de cette page ?
- Consultez maintenant la page 70
- Prêtez attention au nombre de fils au bout de chaque bracelet

Aide 32

- Ces chiffres ressemblent à des horaires et ces images à des horloges
- Le texte fait allusion à un « *double*-fond »

INDICES

- Quel genre d'horloge peut afficher ce genre d'horaire?
- Ce sont des horloges au cadran gradué sur vingt-quatre heures

Aide 33

- Vous devez combiner les deux téléchargements de chaque image
- Combinez les images reliées par une ligne
- Superposez les images de chaque paire

Aide 34

- Il y a deux types de plaques d'immatriculation
- Certaines d'entre elles ne contiennent que des X et un seul chiffre
- Associez un type de plaque à un autre...
- ... en vous basant uniquement sur leur nombre de symboles

Aide 35

- Les 9 premières flèches sont des exemples vous ne devez trouver le code que de la dernière
- Chaque chiffre apparaît pour une raison bien précise
- Chaque chiffre correspond à une particularité de la flèche
- Les chiffres apparaissent toujours dans le même ordre
- Le premier chiffre sera toujours un 2 ou un 5
- Un 2 indique que la flèche pointe vers le haut

INDICES

Aide 36

- C'est une simple séquence mathématique
- Mais ce n'est pas 92 52?? 22 12 02
- Vous devez aborder cette énigme sous un nouvel angle
- Les livres ont été rangés à l'envers sur l'étagère

Aide 37

- Un indice clé se cache dans le texte : « Vous manque-t-il quelque chose? »
- Vous devez trouver ce qui manque dans ce jeu de dominos
- Il n'y a qu'une seule manière possible de caser les dominos manquants dans l'encadré réservé au code

Aide 38

- Cette énigme se résout comme une partie de démineur
- Une fois la grille remplie, comptez le nombre de mines dans chaque ligne indiquée

Aide 39

- Prêtez attention au titre de cette énigme (« D'arrière en avant »), ainsi qu'aux déchirures en haut de la feuille qui se reflètent des deux côtés. Comme indiqué dans le texte, c'est le même morceau de papier dont vous voyez le recto et le verso
- Déduisez la position exacte sur le recto des cercles marqués au verso
- Au moment de déterminer la position des cercles de l'autre côté de la feuille, n'oubliez pas de faire légèrement glisser leur position horizontalement

INDICES

Aide 40

- Nul besoin d'avoir recours à des opérations mathématiques complexes
- Il vous suffit de compter
- Découvrez ce vous devez compter et le tour est joué
- Chaque domino correspond à un seul chiffre

Aide 41

- Ces cadrans doivent vous rappeler quelque chose ?
- Chacun d'eux présente 12 divisions et 2 « aiguilles »
- Chacun de ces cadrans est une horloge mais une des deux aiguilles pointe à chaque fois sur le 12 écrit en chiffres romains
- Il vous faut donc prêter attention à la position de l'autre aiguille
- En fonction de la rotation de chaque horloge, sur quel chiffre pointe l'autre aiguille?
- Lisez ces chiffres dans l'ordre indiqué par la flèche en forme de Z entre les 4 horloges

Aide 42

- Prêtez bien attention aux commandes en haut à droite
- Les cases grises ont toutes quelque chose en commun, tout comme les blanches
- Les chiffres 2, 4, 6 et 9 n'apparaissent que dans les cases grises
- Les cases blanches correspondent à la commande NON, ce qui signifie qu'elles sont incorrectes
- Ce jeu est similaire au Mastermind ou à Wordle
- Sauf qu'il n'y a pas de cases noires, qu'en déduisez-vous?
- Aucun des chiffres n'étant à la bonne position, servez-vous

des chiffres présents dans les cases grises pour trouver la solution

Aide 43

- Prêtez attention aux lettres j m a a au-dessus de l'encadré réservé au code
- Deux dates sont indiquées
- « Additionnez les informations des deux calendriers »
- La seule information à retenir sur chaque calendrier est la date indiquée
- Additionnez les deux dates au format j/m/aa

Aide 44

- Vous voilà face à quatre morceaux de papier, chacun dissimule un chiffre du code
- Dessinez le tracé indiqué par les flèches…
- … en prenant les punaises comme point de départ
- Lisez le résultat dans l'ordre indiqué par la flèche en forme de Z

Aide 45

- Les dates sur ces post-it n'en sont pas
- Prêtez attention au deuxième nombre de chaque date, qui correspond au nombre total de chiffres du numéro de téléphone associé
- Extrayez les chiffres indiqués et classez-les par ordre croissant de postes téléphoniques

INDICES

Aide 46

- Ces calculs semblent faux mais comment pouvez-vous interpréter les +2, +3 et autres additions à la fin de chaque ligne pour que ces calculs soient corrects ?
- Pour y arriver, vous allez devoir faire additionner l'intégralité des chiffres
- Vous devez ajouter à chaque chiffre...
- ... le chiffre après le signe +
- Le +2 exige d'ajouter 2 unités à chaque chiffre...
- ... sachant que les chiffres s'enchaînent de 0 à 9 puis reviennent à 0 ; par exemple, 9 +2 renvoie au chiffre 1

Aide 47

- Vous devez caser toutes les pièces dans la grille
- Lisez les chiffres dans les cases grisées
- Nul besoin de faire pivoter les pièces ou de les regarder en miroir

Aide 48

- Vous devez mettre « vos indices en ligne pour l'extraction des données »
- Imaginez-vous aligner la feuille volante de la page de gauche avec la feuille scotchée sur la page de droite
- Superposez les deux feuilles de façon à ce que les pointes des deux flèches se touchent
- Certains chiffres vont apparaître à travers les quatre trous
- Rangez ces chiffres dans l'ordre indiqué par les barres verticales sous chaque trou

INDICES

Aide 49

- Des notions géométriques basiques vous aideront à découvrir les valeurs des lettres *a, b et c*
- L'une des trois valeurs qui se cachent derrière ces lettres sera un nombre à deux chiffres
- Vous pouvez découvrir immédiatement la valeur de la lettre *b*, sans aucun calcul
- Le quadrilatère de 16 m^2 avec une hauteur de 4 m a forcément une largeur égale à 4 m également (étant donné que 16 m^2 ÷ 4 m = 4 m)
- La largeur totale du plan est donc de 4 m + *b* m = 9 m
- Donc *b* = 5 m

Aide 50

- En faisant abstraction de la carte en arrière-plan, vous voilà face à un genre de casse-tête bien connu
- Reliez les points...
- ... dans l'ordre croissant de 1 à 16, puis étudiez attentivement l'image finale pour déduire les 4 chiffres du
- code

Aide 51

- Essayez de comprendre comment chaque série de chiffres peut s'appliquer à chaque bâtiment
- Comptez le nombre de blocs...
- ... sur chaque « niveau » de chaque bâtiment
- N'oubliez pas de compter les blocs cachés

INDICES

Aide 52

- Deux blocs sont associés dans le coin supérieur gauche du schéma
- Selon quelle logique ces deux blocs ont-ils été associés ?
- Déduisez comment les autres blocs pourraient être associés
- Nul besoin de faire pivoter les blocs, qui doivent rester dans la même position

Aide 53

- Prêtez attention à l'exemple en bas de la page 140…
- … où l'image de droite est la même que celle de gauche, mais selon un autre « point de vue », comme suggéré dans le titre
- Appliquez la même méthode aux images A à D de la page de droite

Aide 54

- Pouvez-vous retrouver ces nombres sur la plinthe ?
- Vous devriez être en mesure de *tous* les retrouver
- Que reste-t-il ?

Aide 55

- Le code à 8 chiffres en question est 18 30 32 22 et se trouve en haut de la page de droite, au-dessus de la grille
- En partant de ces quatre nombres à deux chiffres, comment pouvez-vous retrouver dans la grille les quatre chiffres du code ?
- Prêtez attention au symbole x dans le coin inférieur gauche de la grille

INDICES

- Quels sont les deux chiffres qu'il vous faut multiplier pour obtenir 18?
- Plus précisément, quels sont les deux chiffres présents dans la grille que vous pouvez multiplier pour obtenir 18?

Aide 56

- Vous allez devoir faire des pliages, ou du moins faire semblant
- Suivez les différentes étapes de pliage signalées par les flèches...
- ... puis percez des formes comme indiqué dans la dernière image
- Dépliez la feuille
- Prêtez attention aux formes au-dessus de l'encadré réservé à la solution
- Comptez le nombre d'occurrences de chaque forme

Aide 57

- Parmi ces chiffres romains, certains sont « étranges »
- Tous ne sont pas des chiffres romains « corrects »
- Par exemple, le 8 ne doit pas s'écrire IIX mais bien VIII
- Trouvez les 4 chiffres qui ne sont pas écrits dans le format habituel des chiffres romains

Aide 58

- Une valeur manque dans chacun des dossiers
- Chaque série de chiffres et de nombres suit une logique bien précise

- Chacune d'entre elles est en réalité une suite mathématique bien connue
- Identifiez le chiffre manquant de chaque suite

Aide 59

- Dans ce « casse-tête », des « données » sont « manquantes »
- Voilà un casse-tête d'un genre très répandu et similaire à une grille de mots mêlés, mais avec des chiffres
- Repérez tous les nombres de la liste dans la grille, en les lisant à l'endroit ou à l'envers et horizontalement, verticalement ou en diagonale
- Un nombre n'a pas sa place dans la grille

Aide 60

- Cette énigme se résout de la même manière que celle page 65
- Cette grille est un hanjie classique que vous pouvez résoudre comme n'importe quel hanjie
- Le code sera révélé à la fin

Aide 61

- Assurez-vous de bien « regarder ce bloc-notes de près », avant de le « regarder à nouveau »
- Prêtez attention aux deux petites flèches en haut du bloc-notes
- Notez que la suite de chiffres au début de la première ligne se répète…
- … tout comme les autres suites de chiffres au début des autres lignes

INDICES

- Le côté droit du bloc-notes est – presque – une copie du côté gauche
- Quatre différences sont indiquées par des flèches

Aide 62

- Est-ce que la disposition des cercles sur la page de droite vous rappelle quelque chose?
- Retournez à la page 150...
- ... et cherchez à quoi correspond le 1, le 2, le 3 et le 4

Aide 63

- Dessinez un trait qui passe une seule fois par chaque broche : en d'autres termes, cette boucle entre dans chaque broche par un côté puis en ressort de l'autre. Chaque broche est comme une perle percée à l'intérieur de laquelle on viendrait passer un fil
- Commencez par les coins pour comprendre : il n'y a que deux broches possibles auxquelles connecter la broche du coin, étant donné que les diagonales ne sont pas autorisées
- Une fois la boucle achevée, faites-en le tour en partant de la flèche en haut à gauche
- N'oubliez pas que vous avez besoin de trouver 4 chiffres

Aide 64

- Deux des flèches représentées sous l'encadré des instructions ont déjà été utilisées...
- ... et placées dans la grille
- Continuez de placer les flèches en respectant leur orientation...
- ... jusqu'à la dernière flèche
- Que montre la dernière flèche?

SOLUTIONS

RÉPONSE 1

Chacune des quatre flèches pointe en direction d'une lettre différente, tout en présentant un nombre différent de pointes de flèche. Lisez les lettres dans l'ordre croissant du nombre de pointes de flèche, ce qui vous donne le mot OPEN (ouvrir), le mot de passe à 4 lettres demandé.

RÉPONSE 2

Placez les codes à 4 chiffres dans la grille en inscrivant un chiffre par case (en suivant l'exemple du 1 déjà placé), de façon à ce que chaque code puisse être lu de la gauche vers la droite ou de haut en bas, comme dans une grille de mots croisés classique. Cependant, vous ne pouvez y inscrire que 10 des 11 codes donnés. Il vous en reste un à la fin, celui qui « n'est pas à sa place » – celui que vous ne pouvez pas faire entrer dans la grille mais qui vous fera entrer dans la station polaire : 6304.

2		3						
5	0	2	9				6	
1		8					1	
0	7	4	1		4		7	
	8		6		9	3	5	7
	9		0		6			
	2		8	4	3	6		

RÉPONSE 3

Pour commencer, notez que si le N. (nord) se trouve en haut du schéma, alors en continuant de lire dans le sens des aiguilles d'une montre, nous devrions logiquement trouver

SOLUTIONS

N.-E. (nord-est), E. (est), S.-E. (sud-est), S (sud), S.-O. (sud-ouest), O. (ouest) et N.-O. (nord-ouest). Ensuite, reportez-vous à chaque série d'indications en commençant par la première : 1. N → NE → S.

Chacune de ces séries décrit une suite de points cardinaux par lesquels passer dans un ordre bien précis, de la série 1 à la série 4. Ce faisant, vous tracerez à chaque fois un chiffre. Pour la première série, en traçant un trait qui reliera les points cardinaux N., N.-E. puis S., vous découvrirez un premier chiffre, le 7. Répétez l'opération jusqu'à découvrir le code complet : 7410.

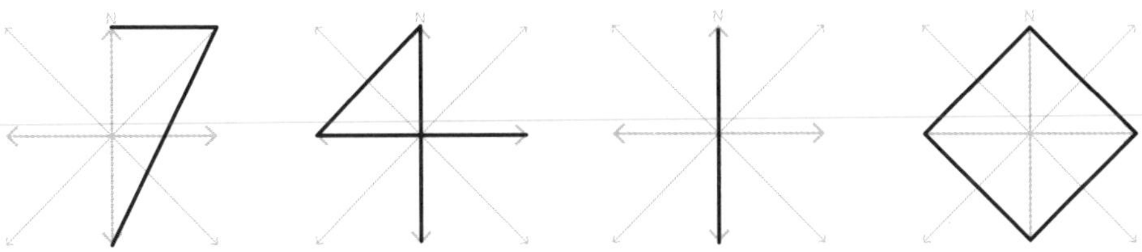

RÉPONSE 4

Notez tout d'abord la présence des 12 marques autour du cercle et le chiffre associé à la marque la plus en haut, un 3. En comptant dans le sens des aiguilles d'une montre, le chiffre sur la droite est donc un 6 et celui en bas, un 9. Imaginez une horloge dont le 3 serait en haut, ou tout simplement un cercle divisé en 12 parts égales numérotées de 1 à 12. Il vous reste ensuite à trouver le chiffre indiqué par chaque flèche, dans l'ordre croissant du nombre de pointes de flèche, ce qui vous donnera le code 9641.

SOLUTIONS

RÉPONSE 5

En bas de la page de droite, il vous est demandé de trouver le « total des calibrages », instruction illustrée par quatre formes géométriques différentes. Il vous suffit de compter le nombre de fois où chaque forme est représentée dans le dessin. En respectant la séquence indiquée au-dessus de l'espace réservé à la rédaction du code, celui-ci se révélera être 5648.

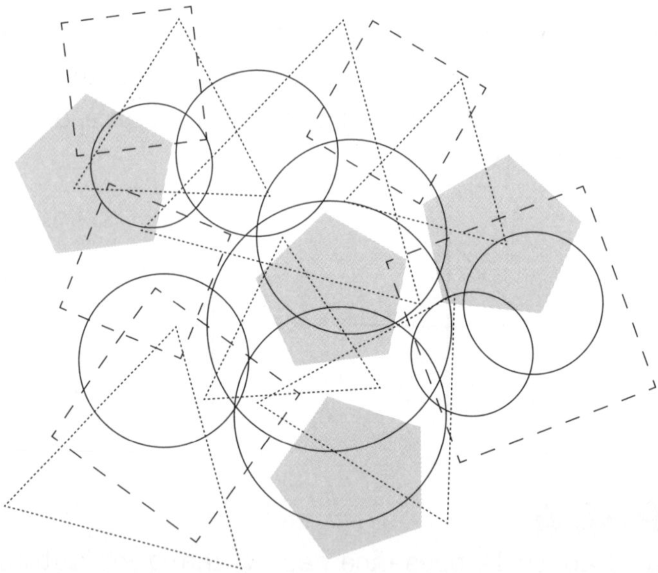

RÉPONSE 6

Imaginez-vous repositionner les six autocollants carrés, sans les faire pivoter ni les retourner, de façon à former l'image ci-après et faire apparaître le code 5814.

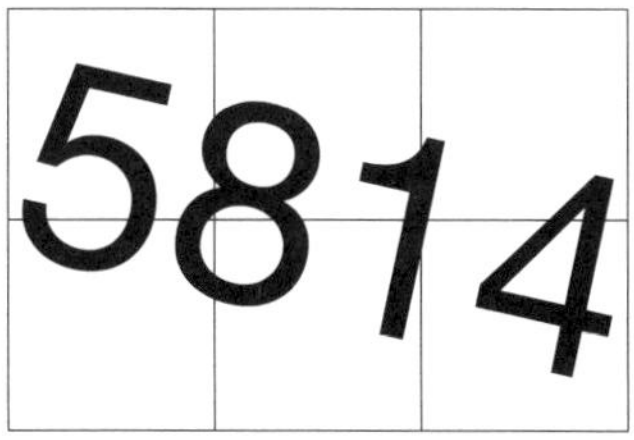

RÉPONSE 7

En haut de la feuille sur la page de droite se trouve un autre morceau de papier avec 3 signes « + ». Ce morceau de papier est aligné de manière à ce que ces signes « + » tombent entre chaque colonne de chiffres de la grande feuille. Notez aussi que chaque rangée de chiffres se finit par un signe « = ». Après avoir additionné chaque rangée, vous découvrirez que la somme de chacune d'entre elles est égale à 20, à l'exception d'une rangée dont la somme est égale à 15. Le code est donc 1446.

RÉPONSE 8

Imaginez-vous repositionner les six tuiles en faisant pivoter chacune d'entre elles une seule fois sur la droite ou la gauche, puis en les « glissant » de façon à former l'image ci-après et ainsi faire apparaître le code 9306.

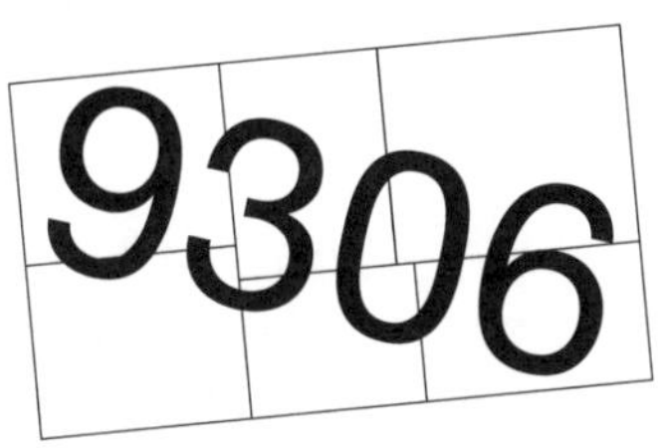

SOLUTIONS

RÉPONSE 9

Chaque ligne est une opération mathématique avec une combinaison de signes « + », « - » et « = » et quatre formes géométriques différentes que vous retrouvez également au-dessus de l'encadré du code. Il vous faut donc résoudre les quatre opérations et découvrir le chiffre associé à chaque forme afin que ces quatre opérations soient simultanément correctes. Notez que l'orientation du triangle au-dessus de l'encadré du code est identique à celle des autres triangles de la page, ce qui vous confirme que vous n'avez pas besoin de faire pivoter les opérations pour les lire dans un autre sens (le cas échéant, la soustraction pourrait changer le résultat final). La solution est donc 2739.

RÉPONSE 10

Le mot « Reflet » dans le titre de l'énigme ainsi que la ligne verticale au centre de la boîte de Pétri vous invitent à faire réfléchir le contenu d'un côté de la boîte sur le côté opposé par rapport à cet axe. Vous vous rendrez alors compte qu'une série de quatre chiffres se forme sur le côté gauche de la boîte de Pétri, les contours de chaque chiffre étant tracés par une couleur différente de bactérie. Le résultat final ressemblera à l'image ci-après, avec les chiffres remis dans le bon ordre sur la droite.

SOLUTIONS

Les instructions vous demandent de classer ces chiffres « par ordre croissant en partant du plus pâle » : le code demandé est donc 3682.

RÉPONSE 11

Les quatre récipients présentent un nombre différent de tirets sur leur col, ce qui vous donne un ordre de classement de 1 à 4 pour chacun des 4 chiffres du code. Sur chaque récipient se trouve une addition avec deux symboles renvoyant à deux éléments chimiques. À l'aide des deux parties du tableau périodique des éléments représentées pages 33 à 36, vous pourrez retrouver le numéro atomique de chacun de ces éléments. En l'occurrence, H = 1, He = 2, Be = 4, C = 6 et O = 8. Il vous faudra donc calculer H + O = 1 + 8 = 9 ; H + H = 1 + 1 = 2 ; H + C = 1 + 6 = 7 et Be + He = 4 + 2 = 6. Le code demandé est donc 9276.

RÉPONSE 12

Des flèches numérotées de 1 à 7 ont été dessinées face à six des touches de la calculatrice. En pressant ces touches dans l'ordre voulu, tout en ne manquant pas de remarquer que l'écran de la calculatrice affiche déjà le chiffre 6, nous obtenons ainsi l'opération mathématique dans son intégralité : « 6 + 7 = » qui nous donne 13, puis « × 90 = » qui nous donne 1170. Le code est donc 1170.

RÉPONSE 13

Notez tout d'abord, comme l'indique le texte de l'énigme, que les allumettes ne se valent pas toutes. En effet, certaines sont plus longues que d'autre. Vous découvrirez que les allumettes sont de deux longueurs différentes. Le secret de cette énigme sera de faire bien attention à la disposition des plus grandes allumettes, en ignorant complétement les petites, ce que vous aurez peut-être compris par tâtonnement ou grâce au titre de cette énigme (« Des allumettes qui font long feu »). En vous concentrant sur les plus grandes allumettes, vous remarquerez que celles-ci forment le code 3712, soit la solution de l'énigme.

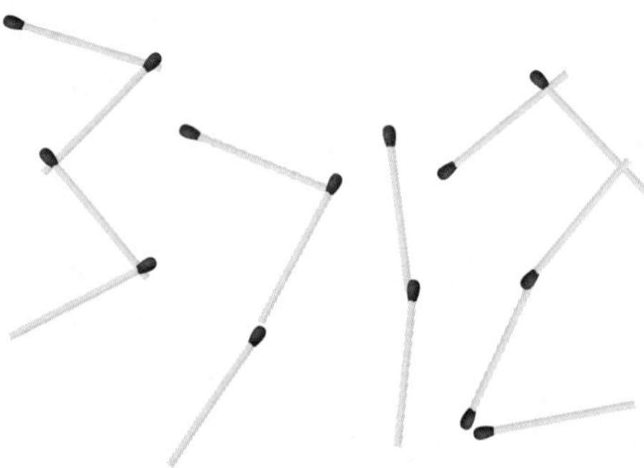

RÉPONSE 14

Il faut ici faire bien attention aux coches sur le schéma (comme suggéré dans le titre « Une nouvelle énigme à cocher sur votre liste »). Déterminez ensuite lesquelles des caractéristiques listées peuvent s'appliquer à chacun des quatre chiffres a à d notés en haut de la feuille. Le chiffre a, par exemple, est un nombre premier, pair, il est compris entre 0 et 10, et ce n'est ni un carré ni un cube. En se basant sur ces contraintes, un seul chiffre correspond : le 2.

Après avoir appliqué la même logique à chacune des trois autres colonnes, vous en déduirez que le chiffre b est un 8, le chiffre c est un 1 et le chiffre d est un 4, pour former la combinaison 2814.

SOLUTIONS

RÉPONSE 15

Étant donné que le graphique a pour origine (0,0) comme indiqué dans le texte, et en partant du principe que les deux axes partagent la même graduation, l'on peut déduire que les quatre x se trouvent aux coordonnées (1,4), (2,6), (3,1) et (4,3). Le 1, 2, 3 et 4 au début de chaque paire de coordonnées vous donne l'ordre des chiffres du code, qui se révèle donc être 4613.

RÉPONSE 16

Lisez la page entière comme une seule ligne de calcul qui vous donnera un nombre à 4 chiffres. Dans le détail, le résultat de la première ligne sur la feuille est 2, étant donné que 1 × 2 = 2. Si vous multipliez ce résultat par 3, soit la ligne suivante (× 3), vous obtenez 6. Multipliez-le par 4 pour obtenir 24 et continuez ainsi jusqu'à atteindre le résultat final : 5040, le code requis pour sortir.

RÉPONSE 17

Résolvez chacun de ces 4 labyrinthes en trouvant le chemin le plus court entre les deux issues, de haut en bas ou l'inverse. L'itinéraire ainsi emprunté passera sur tous les chiffres inscrits, à une exception près. Dans chaque labyrinthe, un chiffre ne sera pas concerné, comme vous pouvez le constater ci-après. Rangez ces chiffres dans l'ordre indiqué par les chiffres 1, 2, 3 et 4 inscrits à l'extérieur des formes circulaires, et vous obtiendrez le code 5369.

SOLUTIONS

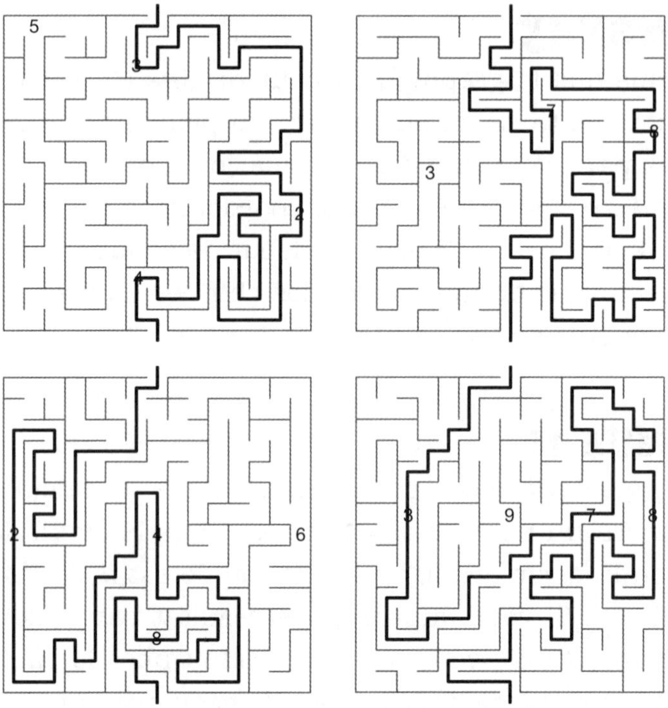

RÉPONSE 18

Il vous faut trouver le nombre de quadrilatères dans chacune des quatre images. Étant donné que tous les coins et intersections sont à angle droit, les seuls quadrilatères possibles sont donc des carrés et des rectangles.

En d'autres termes, vous devez compter le nombre total de carrés et de rectangles dans chacune des quatre images. Classez ensuite les totaux trouvés grâce aux chiffres 1 à 4 tels qu'ils apparaissent à l'extérieur des formes circulaires, le 1 étant désormais en haut à droite, le 2 en bas à droite, et ainsi de suite. En respectant cet ordre, les totaux 8, 5, 8 et 4 vous donneront enfin la solution 8584.

SOLUTIONS

RÉPONSE 19

Les quatre images de la page de droite vous regardent « de travers », ce qui vous indique qu'elles ne sont pas orientées dans le bon sens. À côté du texte vous demandant de « remettre à sa place » le dispositif, un exemple avec une coche de confirmation vous indique la direction dans laquelle faire pivoter les 4 images. Pour faire correspondre les 4 images à l'exemple, il vous suffit de vous référer au titre de l'énigme (« Tourner de l'œil ») et donc de retourner le livre à l'envers pour découvrir que les lettres OEIL deviennent 4 chiffres. Lisez-les dans l'ordre indiqué par les lettres a à d inscrites en dehors des formes circulaires et vous trouverez l'ordre correct du code : 0137.

RÉPONSE 20

Le titre de l'énigme fait référence au carré latin, l'une des inspirations du sudoku. De plus, les majuscules de la deuxième phrase des instructions (« [...] Solution Unique au Défi, O K? Un, [...] ») épèlent le mot SUDOKU. En vous servant uniquement des chiffres 1 à 4 comme indiqué, remplissez ces 4 grilles de 2 cases par 2 comme si elles étaient aux 4 coins d'une grille de Sudoku de 4 cases par 4, comme montré ci-après. Les chiffres des cases grisées doivent ensuite se lire dans l'ordre indiqué par les chiffres 1 à 4 inscrits à l'extérieur des formes circulaires, ce qui vous donne le code 3324.

SOLUTIONS

2	1
4	3

4	3
2	**1**

1	4
3	**2**

3	2
1	4

RÉPONSE 21

Posez le livre à plat et mettez vos yeux au niveau du bas de la page. Concentrez-vous sur la page qui s'étire devant vos yeux : cette vue compressée devrait vous faire apparaître un chiffre répété dans chaque case, pour un rendu similaire à l'image ci-après. En rangeant ces chiffres (qui se répètent dans chaque case) dans l'ordre des résultats des opérations inscrites juste en dehors des formes circulaires (c'est-à-dire 4 - 1 = 3; 3 - 2 = 1 ; 4 - 0 = 4 et 3 - 1 = 2), vous obtenez le code 1087.

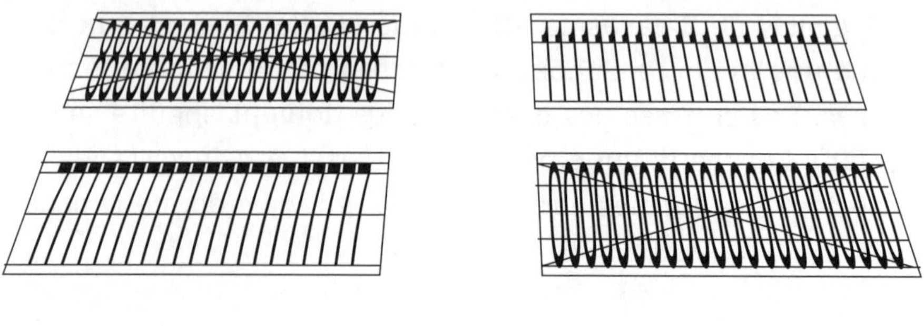

RÉPONSE 22

D'après son titre, cette énigme compte vous tenir « en échec », un indice vous mettant sur la voie de l'échiquier que vous allez devoir ombrer sur chaque grille de la page de droite. Plus exactement, comme l'indique le texte, vous devrez « noircir les cases où les lignes et les colonnes font un impair ». Si l'on se réfère aux chiffres sur le bord de chaque grille, la case située dans le coin supérieur gauche répond aux coordonnées (1,1). Ici, la somme de la valeur de la rangée (1) et de la colonne (1) est un chiffre pair (1 + 1 = 2), vous n'avez donc pas besoin de la noircir. Les coordonnées de la case sur sa droite (1,2) et de celle au-dessous (2,1) présentent une somme dont le chiffre est impair (3), vous pouvez donc « cacher » ce chiffre impair en la noircissant. En appliquant le même principe aux autres cases, un motif d'échiquier commun à toutes les grilles fera apparaître la forme d'un chiffre. En les rangeant dans l'ordre des chiffres romains inscrits à l'extérieur des formes circulaires (i, ii, iii et iv), vous obtenez le code 1247.

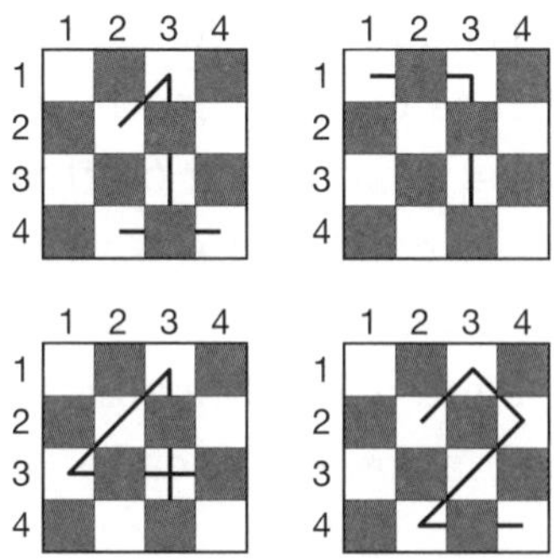

RÉPONSE 23

Chacune de ces 4 grilles est un hanjie, parfois aussi appelé « logigraphe » ou « nonogram ». Les instructions vous sont données dans le texte de la page de gauche, et comme celui-ci l'indique, chaque grille cache une image. Ces images sont des chiffres, comme vous pouvez le constater ci-après.

En les rangeant dans l'ordre des numéros atomiques de chaque élément chimique inscrits juste en dehors des formes circulaires (H = 1, He = 2, Li = 3 et Be = 4, comme indiqué dans les tableaux pages 33 à 38), vous trouvez le code 5438.

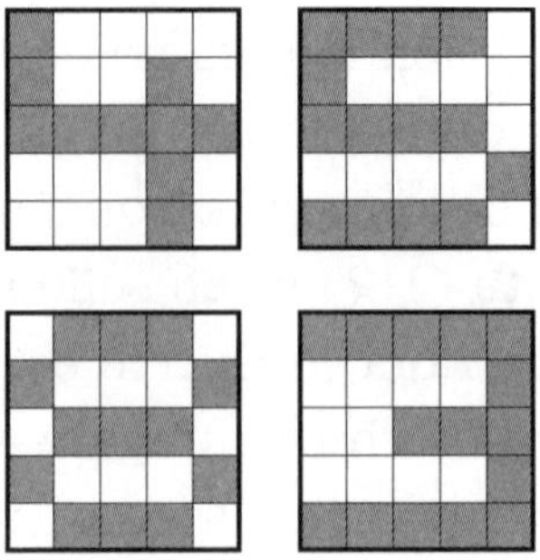

RÉPONSE 24

Chacune des 4 images contient une ligne et une colonne « corrompues » dans lesquelles la couleur de tous les points doit être inversée. Imaginez-vous les « retourner », de façon à ce que les points grisés deviennent blancs et inversement. Chaque image doit ainsi révéler un chiffre, comme sur un écran LCD. Les lignes et colonnes à inverser et les chiffres à trouver sont représentés ci-après. En les rangeant dans l'ordre des points inscrits à l'extérieur des formes circulaires, vous obtenez le code final de cet escape game, à savoir 5416.

SOLUTIONS

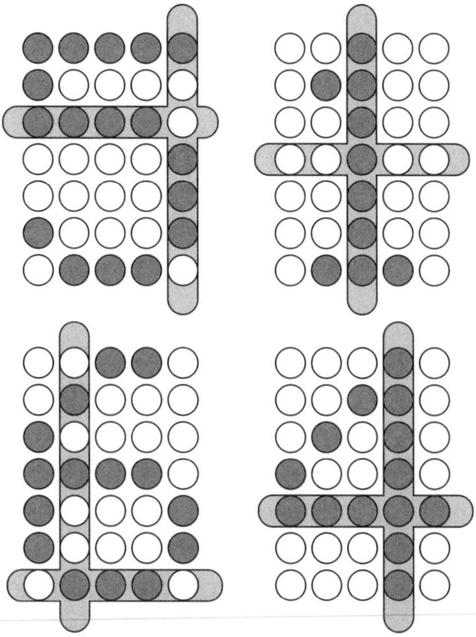

RÉPONSE 25

La constellation la plus au sud, celle qui commence par le symbole grec δ (delta) contient 4 points d'interrogation au lieu de 4 chiffres. Vous devez donc déduire quels sont ces 4 chiffres en observant ceux présents dans le nom des 3 autres constellations.

La constellation alpha (α) présente les chiffres 5364. En partant du point noir qui marque le début de la constellation, chacune de ses étoiles présente 5, 3, 6 et 4 branches, soit l'origine du code 5364 dans son nom.

Des observations similaires peuvent être faites pour les constellations β et γ. Sur la ligne δ, les quatre points d'interrogation correspondent donc aux chiffres 6, 4, 7 et 9, soit le code requis : 6479.

RÉPONSE 26

Prêtez attention au titre qui contient le mot « impair », ainsi qu'aux instructions où l'on vous enjoint à « n'éviter aucun impair ».

La feuille de papier présente quatre colonnes remplies de chiffres, chacune étant surmontée d'un symbole mathématique et d'une encoche pointant vers le bas découpée dans la feuille.

Le but est donc d'appliquer le symbole mathématique aux chiffres de chaque colonne, puis de résoudre chacune de ces colonnes comme une grande opération. Cependant, si vous vous y essayez avec tous ces chiffres, vous allez vite vous rendre compte que chaque colonne vous donne plus d'un chiffre et que le code ainsi obtenu dépasse les 4 recherchés. Au lieu de ça, vous ne devez vous servir que des chiffres impairs.

Ce qui veut dire que dans la colonne du symbole « + », vous devez faire l'opération 5 + 1 + 3, pour un résultat de 9. Dans la colonne « - », vous ferez l'opération suivante : 9 - 5 - 3 = 1. Dans la colonne « × », vous trouvez 1 × 7 × 1 = 7. Enfin, dans la colonne « ÷ », vous calculez 9 ÷ 3 ÷ 1 = 3. De la gauche vers la droite, le code se lit donc 9173.

SOLUTIONS

RÉPONSE 27

Le titre est lui-même un indice vous enjoignant à « regrouper les infos » de ces horaires. Prenons l'exemple 2 + 5 = 8. Mathématiquement, cette opération est incorrecte. Cependant, si vous regroupez tous les éléments de l'affichage à 7 segments de chaque chiffre en superposant les segments foncés, alors la « somme » de cette opération est correcte. En d'autres mots, superposez le 2 au 5 et vous obtiendrez un 8. En appliquant le même principe de superposition à chacun des chiffres des 4 colonnes de la page de droite, vous découvrirez que l'heure de lancement est 6 h 39.

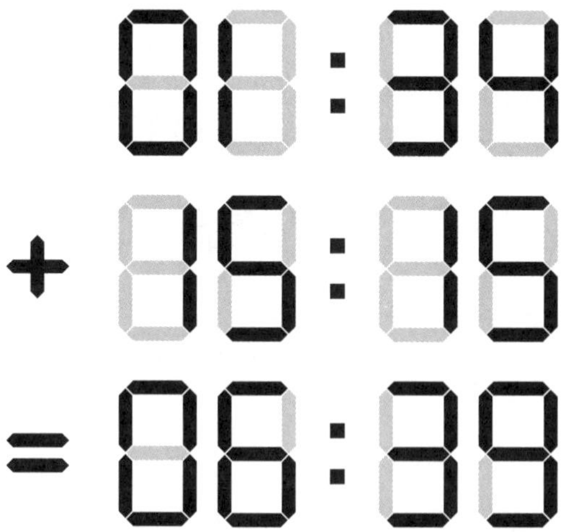

RÉPONSE 28

Comme il est demandé dans les instructions, vous devez relier les étoiles de la page de droite en quatre constellations distinctes, chacune des 4 étoiles devant être reliée selon le modèle dans les instructions. Ces constellations ne doivent pas se chevaucher ou croiser une autre constellation ou une autre étoile. Une fois que vous avez tracé 4 lignes reliant

4 étoiles dans l'ordre demandé, vous pouvez voir que les constellations prennent chacune la forme d'un chiffre, comme montré ci-après. Rangez ces constellations en partant de celle

la plus à l'ouest (O) jusqu'à celle la plus à l'est (E) en partant des étoiles à 5 branches de chaque constellation, comme indiqué dans les instructions et les symboles au-dessus de l'encadré réservé au code. La rose des vents sur la page de gauche vous indique où se trouvent l'ouest et l'est. Le code stellaire est donc 9175.

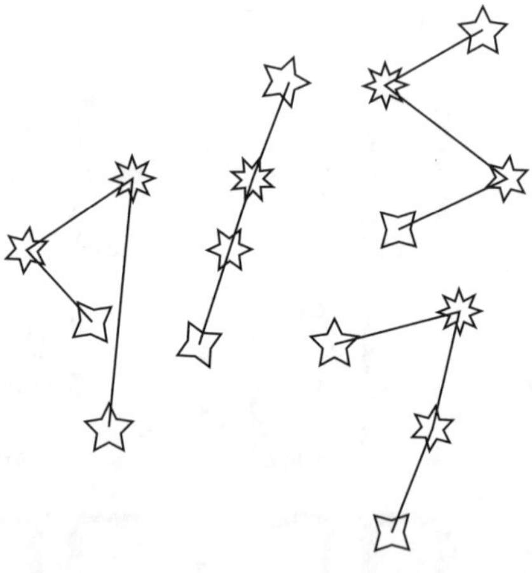

RÉPONSE 29

Le titre est un indice : afin de comprendre le résultat de ces calculs, comme demandé dans les instructions, vous allez devoir les regarder d'un point de vue « renversant ». Le premier exemple, 1 - 2 - 8 = 1 - 9 est faux, mais si vous prenez le livre à l'envers, cette ligne devient 6 - 1 = 8 - 2 - 1, ce qui est désormais correct. De la même manière, la deuxième ligne devient 9 + 1 = 8 + 2, ce qui est également correct. Vous pouvez désormais compléter les quatre autres opérations et ainsi découvrir le chiffre dans chaque case grisée.

Notez les quatre formes différentes de cases grisées que l'on retrouve en bas de la page, au-dessus de l'encadré du code, et que l'on a fait pivoter de 180 degrés (du moins les 3 d'entre elles où ce changement de position est visible). Cela vous confirme que l'orientation correcte pour lire les chiffres du code est similaire à celle visible quand le livre est tenu à l'envers. En les rangeant dans l'ordre des formes des cases, vous obtenez la solution : 6843.

Les calculs complets, vus comme si le livre était tenu à l'envers, sont :

6+2=8

1+5=6

5+3=8

5-1=4

RÉPONSE 30

La référence au « reflet dans un miroir » dans le texte est un indice : les formes présentées sur la page de droite doivent être reflétées de l'autre côté de la ligne en pointillés. Une fois que ce sera fait, un code vous sera révélé, comme indiqué ci-après. En lisant ce code d'après l'orientation du chiffre 3, vous obtenez la solution suivante : 1380.

SOLUTIONS

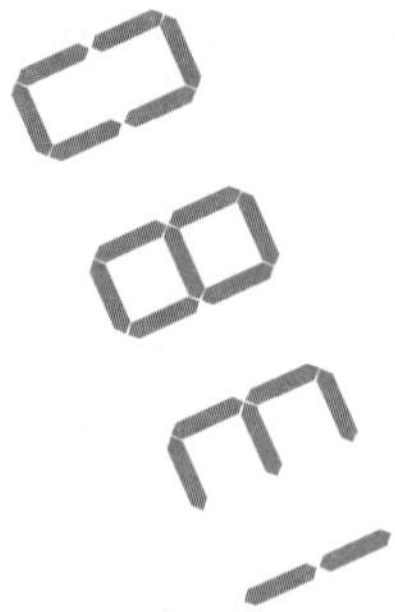

RÉPONSE 31

On peut raisonnablement partir du principe que chaque bracelet de perles cache l'un des 4 chiffres du code.

Afin de trouver ces chiffres, vous devez prêter attention à l'exemple donné sous le texte de la page de gauche.

Ce bracelet présente les initiales eg, ce qui à première vue se réfère simplement au mot « exemple », de par l'abréviation de l'expression latine exempli gratia. Mais en y regardant de plus près, vous découvrirez que contrairement aux bracelets de la page de droite, il y a un écart conséquent entre la perle ronde et les deux suivantes, rectangulaires. Si vous avez fait preuve d'un sens de l'observation suffisamment aiguisé lors de l'escape game précédent, vous vous souvenez certainement de la liste de symboles de différentes tailles (des points et des tirets) en face des lettres A à P à la page 68. Ces symboles sont en réalité la représentation en code morse de chacune de ces lettres. Dans cette liste, vous pouvez voir que le E est représenté par un point (·) et le G par deux tirets et un point, (– – ·). Vous pouvez donc en déduire que les perles représentent des lettres en code morse et que l'on doit les lire en partant du côté du bracelet où celui-ci forme une boucle.

Vous aurez aussi certainement déjà remarqué la liste de l'alphabet morse dédiée aux chiffres, à la page 70.

Vous pouvez donc vous en servir pour assigner un chiffre à chaque bracelet. À leur tour, ces chiffres devront être rangés par ordre croissant du nombre de fils au bout de chaque bracelet, de 1 fil à 4 fils, pour révéler le code : 0523

1 fil :	– – – – –	= 0
2 fils :	· · · · ·	= 5
3 fils :	· · – – –	= 2
4 fils :	· · · – –	= 3

RÉPONSE 32

Au premier abord, ces images ressemblent à des horloges avec deux aiguilles, mais il est évident que ces cadrans comptent plus de 12 divisions. Après décompte, vous vous rendrez effectivement compte qu'il y en a exactement le double, c'est-à-dire 24. Comme indiqué dans le titre (« L'heure du lancement ») et le texte (« *double*-fond ») ces horloges affichent les 24 heures de la journée sur un cadran analogique, ce que vous pouvez confirmer en comparant les horaires écrits sous chaque cadran. L'aiguille des minutes se lit normalement tandis que la grande aiguille passe par toutes les heures de la journée, en partant du 24 tout en haut du cadran, puis en touchant les 1, 2, 3 et ainsi de suite tout autour du cercle jusqu'au 23. L'horaire marqué par des points d'interrogation, qui représente le code que nous devons trouver, est donc 1850.

SOLUTIONS

RÉPONSE 33

Chaque image doit être combinée à celle à laquelle elle est reliée par une ligne, soit les deux téléchargements d'une seule et même image. En superposant les cases grisées dans chaque paire, vous découvrirez l'image d'un chiffre, que vous lirez comme indiqué, de gauche à droite et de haut en bas, pour révéler le code 3950.

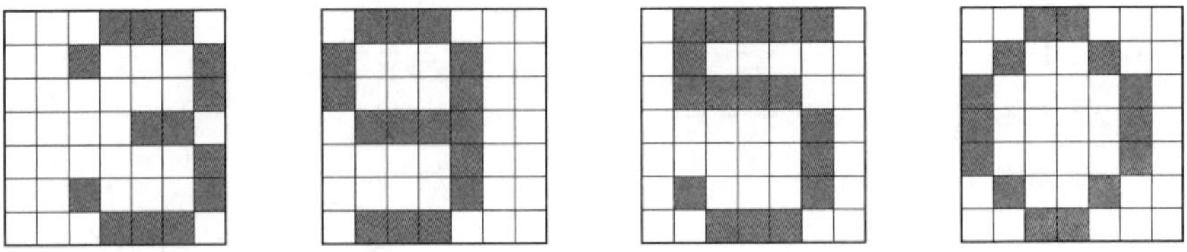

RÉPONSE 34

Il y a deux types de plaques : celles avec uniquement des X et un chiffre, et celles qui présentent un mélange de lettres et de chiffres. Comme indiqué dans le texte, il y a 8 plaques au total, que l'on peut associer en quatre paires. Les 4 plaques avec des X présentent chacune un chiffre de 1 à 4, ce qui vous donne un ordre de classement. Ces plaques doivent être associées à une autre plaque présentant le même nombre de symboles.

Par exemple, la plaque XX1X XXX correspond à la plaque F49V K82 car elles suivent toutes les deux le modèle 4 symboles - 1 espace - 3 symboles. Après avoir associé toutes les plaques, la position du chiffre sur la plaque aux X renvoie à un chiffre en particulier sur la plaque associée. Le chiffre 1 de la plaque XX1X XXX renvoie donc au chiffre 9 de la plaque F49V K82.

Voici les autres paires : la plaque XXXX X2 est associée à la L24Q Z7, avec le chiffre 7 à conserver pour le code ; la plaque X3X XXX est associée à la B59 P93, avec le chiffre 5 ; et la plaque XX4X XXXX est associée à la plaque J42R H681, avec le chiffre 2. La combinaison finale est donc 9752.

RÉPONSE 35

Neuf flèches sont associées à un code à 4 chiffres unique – sauf une, à qui l'on a assigné 4 points d'interrogation. Votre but est donc de deviner quels chiffres devraient remplacer ces points d'interrogation.

Après observation, vous vous rendrez compte qu'il n'y a que 2 chiffres possibles en début de combinaison, un 2 ou un 5. De plus, ceux-ci correspondent soit à une flèche qui pointe vers le haut (2) ou vers le bas (5). Le deuxième chiffre sera forcément un 7 pour une tête de flèche à pointe pleine ou un 4 pour une pointe double.

Ensuite, le troisième chiffre sera un 6 pour une flèche noire ou un 3 pour une flèche grise. Enfin, le quatrième chiffre sera soit un 9 pour une flèche sans empennage, soit un 1 pour une flèche empennée. En se basant sur cet encodage, le code de la dernière flèche est 5761, la combinaison requise.

RÉPONSE 36

Vous devez trouver les éléments manquants dans une suite de nombres, mais tout ce que vous avez, c'est cette séquence : 92, 52, 22, 12, 02. Que manque-t-il ? Notez tout d'abord que ces nombres se trouvent en haut du dos de chaque livre, ce qui les fait apparaître à des hauteurs différentes. Cependant, si l'on retourne les livres, ces nombres se trouvent désormais tous à la même hauteur. Prenez le livre à l'envers et vous verrez que la suite se lit désormais 20, 21, 22, 25 et 26. Dans cette nouvelle séquence, les nombres 23 et 24 sont manquants, ce qui correspond également au trou dans le rangement. En lisant dans un ordre croissant comme indiqué dans le texte, ces deux livres manquants révèlent le code 2324.

RÉPONSE 37

La question clé est bel et bien « Vous manque-t-il quelque chose? » : quels sont donc les « dominos abandonnés » dont il est fait référence dans le titre?

Après avoir vérifié les valeurs faciales des dominos présentés, qui devraient normalement couvrir toutes les valeurs possibles entre vide : vide et 6 : 6 (pour un jeu complet de 28 dominos), vous allez vous rendre compte que deux dominos manquent à l'appel : le vide : 6 et le 3 : 5.

Dans l'encadré réservé au code, deux silhouettes de dominos ont été dessinées, avec deux points déjà placés. Il n'y a qu'une seule façon possible de rentrer les deux dominos manquants dans ces deux espaces de façon à ce que les points de ces dominos s'alignent sur les points déjà présents, comme montré ci-après. Le code demandé est donc le 6053.

SOLUTIONS

RÉPONSE 38

Cette énigme se joue comme une partie classique de « démineur » en suivant les instructions de la page de gauche. Une fois résolue, la grille doit ressembler à l'image ci-après. Comme demandé dans l'encadré réservé au code, le « total par ligne », en l'occurrence le nombre de total de mines sur les lignes notées « A » à « D », vous donne le code 3311.

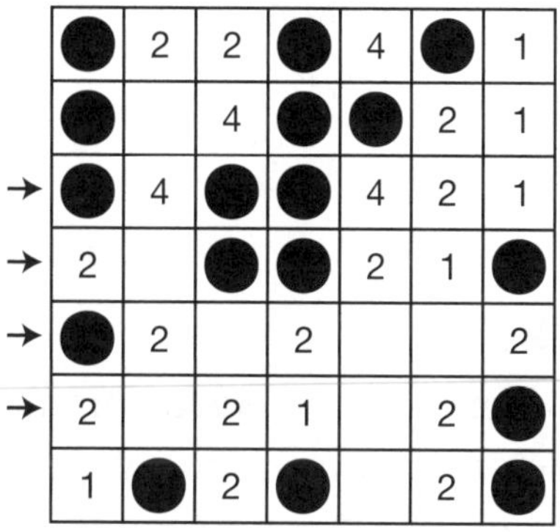

RÉPONSE 39

Le recto et le verso de la même feuille de papier vous sont présentés. Pour trouver le code, vous devez déduire quels chiffres se trouvent au même endroit que les lettres entourées au verso, puis les lire dans l'ordre donné par les lettres A à D. Après avoir mesuré les distances (en n'oubliant pas que sur le verso, la droite et la gauche sont inversées par rapport au recto) et noté la position des cercles sur le recto, vous devriez avoir l'image montrée ci-après. Le code est donc 3278.

SOLUTIONS

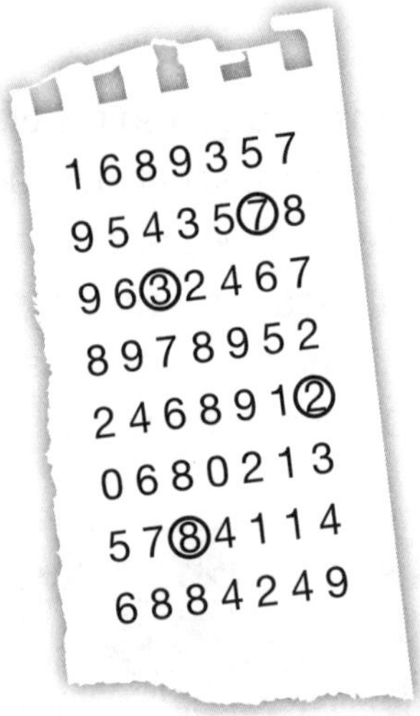

RÉPONSE 40

Vous devez tout d'abord comprendre comment la première rangée de 4 dominos donne un résultat de 7946, et la seconde un résultat de 9187. Après un examen attentif, vous comprendrez que le nombre de points gris (pas noir, gris) sur chaque domino correspond exactement à ces chiffres. Ainsi, le domino en haut à gauche présente 7 points gris, celui sur sa droite a 9 points gris, et ainsi de suite. En appliquant la même logique à la troisième rangée, on peut en déduire que le code requis est 6385.

RÉPONSE 41

Ces 4 cercles ressemblent à des cadrans d'horloge, et c'est exactement ce qu'ils sont. La position du 12 sur chaque cadran est indiqué par le chiffre romain XII, ce qui confirme qu'une rotation différente a été appliquée à chaque cadran. Notez ensuite que toutes les aiguilles des minutes sont en face du 12, ce qui représente un compte nul de zéro minute. Nous n'avons donc besoin que du chiffre des heures sur chaque horloge. En les réorientant dans le bon sens comme montré ci-après et en lisant les chiffres des heures dans l'ordre indiqué par la flèche en forme de Z au centre de la page, nous trouvons le code 3976.

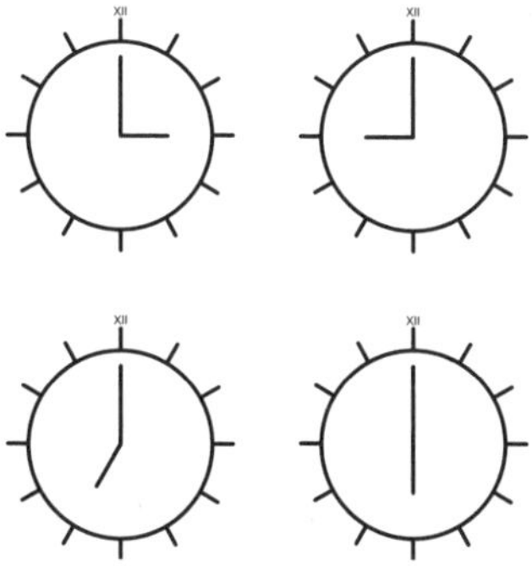

RÉPONSE 42

Prêtez tout d'abord attention aux commandes NON et AVANCER, qui vous indiquent que certaines cases correspondent au NON et que la commande AVANCER a été assignée à d'autres. Notez ensuite que les cases AVANCER ne comportent que les chiffres 2, 4, 6 et 9, et que les autres chiffres correspondent au NON. En se basant sur ces assignations de commandes, on peut observer que dans toutes les cases où ces quatre chiffres apparaissent, ceux-ci doivent « avancer ». De plus, ces 4 chiffres n'apparaissent jamais dans une case NON.

Cette grille s'apparente donc à une partie de Mastermind ou de Wordle, où les chiffres faux sont dans des cases blanches, et les chiffres corrects mais situés à la mauvaise place sont dans des cases grises. La solution est donc 4926.

SOLUTIONS

RÉPONSE 43

On vous demande « d'additionner les informations des deux calendriers », et la façon la plus simple d'y parvenir reste d'additionner les deux dates mises en évidence. Si vous prêtez attention aux lettres notées au-dessus de l'encadré réservé au code, vous comprendrez que vous devez trouver un code au format j/m/aa, ce qui vous confirme par la même occasion que vous allez devoir faire une simple addition.

Suivant ce format, vous noterez que sur le premier calendrier les chiffres mis en évidence sont le 5, pour le cinquième jour du mois, le 2 (en gras) pour le mois, et le 33, soit les deux derniers chiffres de l'année. Le premier code à trouver est donc 5/2/33 ou 5233. Sur le même modèle, le second calendrier cache le code 4/4/52 ou 4452. Additionnez ces deux codes pour obtenir 9685, ou 9/6/85, dont la somme des chiffres donne 28, comme indiqué dans le texte des instructions, pour découvrir le code.

RÉPONSE 44

Voici quatre morceaux de papier qui cachent tous un des quatre chiffres du code. Pour les faire apparaître, il vous faut tracer une ligne sur chaque grille en suivant les instructions notées sur chaque morceau de papier.

Sur le papier en haut à gauche par exemple, vous devez commencer par tracer une ligne en montant de 6 cases vers le haut, puis 3 cases sur la gauche, 3 vers le bas puis 3 vers la droite. Mais par où commencer ? Ces punaises n'ont peut-être pas été placées sur ces cases par hasard ; au contraire, elles vous indiquent le point de départ de chaque tracé. En commençant votre tracé à la hauteur de chaque punaise, vous obtiendrez le résultat montré ci-après. Ces chiffres doivent ensuite être lus dans l'ordre indiqué par la flèche en forme de Z au bas de la page 118 pour révéler le code 9530.

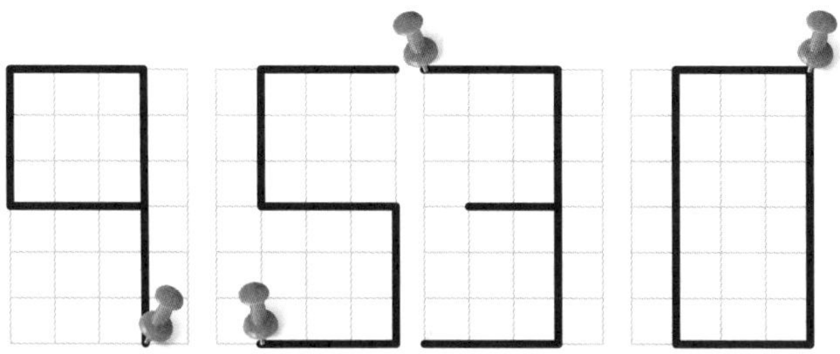

RÉPONSE 45

Chaque post-it cache un des chiffres du code. Au premier abord, il semblerait que nous soyons face à un numéro de téléphone et une date, mais à bien y regarder, vous noterez que le nombre après le signe « / » est égal au nombre de chiffres dans le « numéro de téléphone » au-dessus. Cela a pour but de vous indiquer que la « date » n'en est pas une, mais plutôt une référence à ce grand nombre. En lisant la « date » au format x/yy, la deuxième ligne vous demande en réalité de regarder le chiffre x sur les chiffres yy de la ligne du « numéro de téléphone ». Par exemple, l'indication 3/11 du post-it en haut à gauche vous invite donc à prendre le 3 e chiffre de la suite de 11 chiffres écrite au-dessus. En lisant les 4 chiffres ainsi découverts dans l'ordre croissant des postes téléphoniques, vous découvrirez le code 2751.

RÉPONSE 46

Chacune des quatre premières lignes du carnet présente une « somme » fausse d'un point de vue mathématique. Vous devez donc trouver le moyen de faire correspondre l'opération et le résultat. Un indice vous est donné dans le titre : « Calcul intégral ». Vous devez additionner la valeur après le signe + à chaque chiffre du nombre. Par exemple, dans la première ligne, on ajoute 2 au chiffre 2 pour obtenir le chiffre 4 ; on ajoute 2 au chiffre 5 pour obtenir le chiffre 7 ; on ajoute 2 au chiffre 7 pour obtenir le chiffre 9 ; on ajoute le chiffre 2 au chiffre 9 pour obtenir le chiffre 1. Notez cependant que ces additions donnent uniquement des chiffres appartenant à la séquence 0123456789 répétée en boucle. Après avoir passé le 9, il vous faut donc revenir au 0, et c'est ainsi que vous tombez sur le résultat 4791 de la première ligne. La même méthode de décalage s'appliquant aux autres lignes, en additionnant le chiffre 5 au 4 chiffres du dernier nombre, vous trouvez le nombre manquant qui s'avère être 1624, le code à 4 chiffres demandé.

RÉPONSE 47

Vous devez trouver le moyen de caser les 6 pièces dans la grille vide sans les faire pivoter, de façon à ce que les chiffres inscrits dans chaque case gardent leur orientation. Les chiffres mis en évidence dans les cases grisées vous donnent le code d'accès de la porte, soit 7280, comme montré ci-après.

1	7	2	1	8	6
4	3	0	5	2	4
9	7	2	8	0	1
9	4	6	3	4	9
5	3	7	8	2	5
4	0	1	6	1	7

SOLUTIONS

RÉPONSE 48

Comme suggéré dans les instructions, vous devez aligner la feuille volante à trous de la page de gauche sur la feuille scotchée de celle de droite, de façon à ce que le code soit « prêt pour l'extraction » comme indiqué dans le titre de l'énigme. Prêtez attention à la flèche tracée à la main que l'on retrouve sur les deux feuilles. Si la feuille volante de gauche venait à être placée sur la feuille scotchée à droite et que les deux feuilles étaient alignées de façon à ce que les deux pointes de flèches le soient également, alors 4 chiffres viendraient à apparaître dans les 4 trous, comme montré ci-après. En lisant ce derniers dans l'ordre croissant des lignes verticales sous chaque trou, vous pouvez mettre au jour le code 0438.

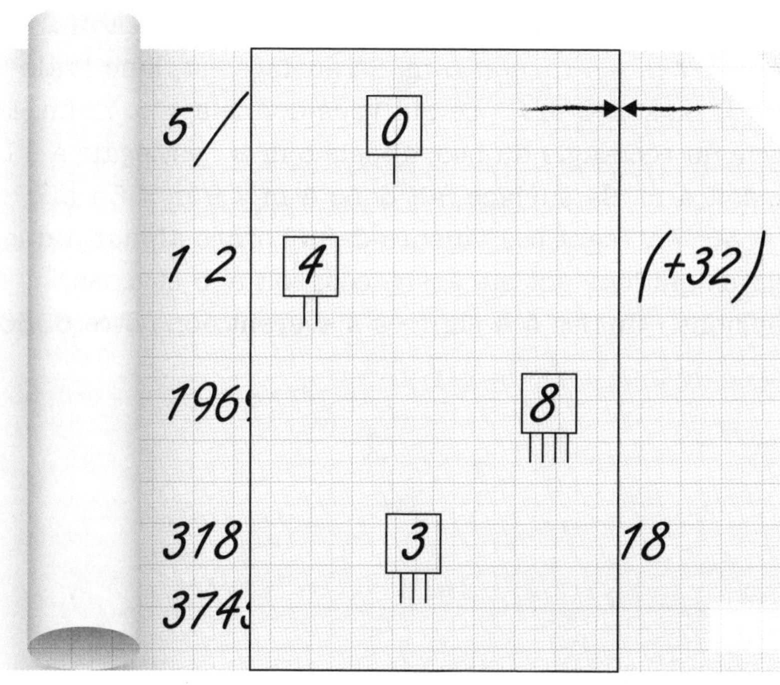

SOLUTIONS

RÉPONSE 49

Ce plan présente trois données inconnues, a, b et c. Vous devez deviner leur valeur respective en faisant appel à la notion géométrique élémentaire qui veut que la surface d'un carré ou d'un rectangle soit égale à sa largeur multipliée par sa longueur. Grâce aux marqueurs d'angle droit, nous savons que toutes les formes dessinées sur le plan sont des carrés ou des rectangles.

Pour commencer, le carré de 16 m 2 a forcément une largeur de 4 m, étant donné que sa hauteur, déjà notée, est de 4 m, et que 16 ÷ 4 = 4. La valeur b m est donc égale à 9 m (en bas du plan) moins les 4 m de large du carré, soit b = 5. Une fois que vous connaissez la valeur de b, vous pouvez déduire la longueur du rectangle de 35 m 2 , soit 35 ÷ 5 = 7 m. Ensuite, la longueur du rectangle dont la surface est notée a m 2 est égale à 7 m – 4 m, soit 3 m. Sa surface est donc égale à 3 m × 2 m, soit 6 m 2 , ce qui vous donne a = 6. Enfin, la longueur du rectangle du bas, appelé c m 2 , est égale à 11 m – 7 m, soit 4 m. Sa surface fait donc 4 m × 9 m = 36 m^2, soit c = 36. En lisant ces valeurs dans l'ordre alphabétique des lettres qui leur ont été assignées, soit a, b et c, les « dimensions » finales à 4 chiffres s'avèrent donc être 6536.

SOLUTIONS

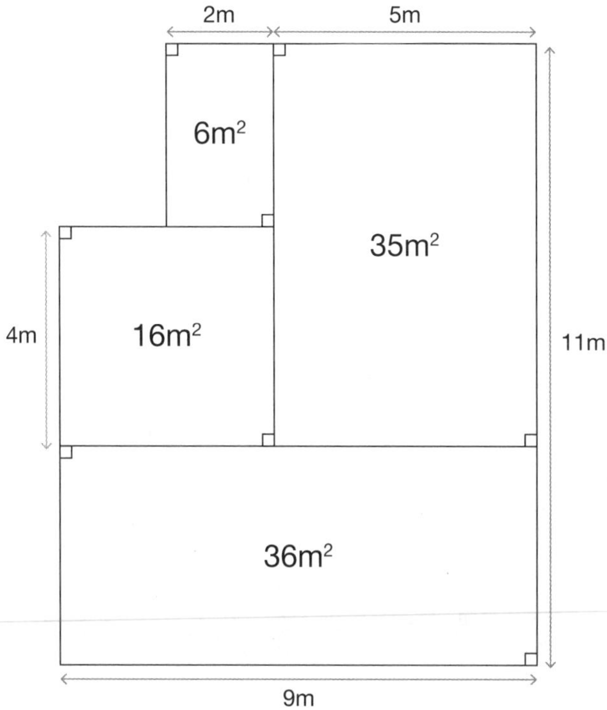

RÉPONSE 50

Reliez les points sur la carte dans l'ordre croissant en traçant des lignes droites sur les rues pour obtenir l'image présentée ci-après. En la déchiffrant de haut en bas, nous distinguons les chiffres 9748, soit les 4 chiffres du code.

SOLUTIONS

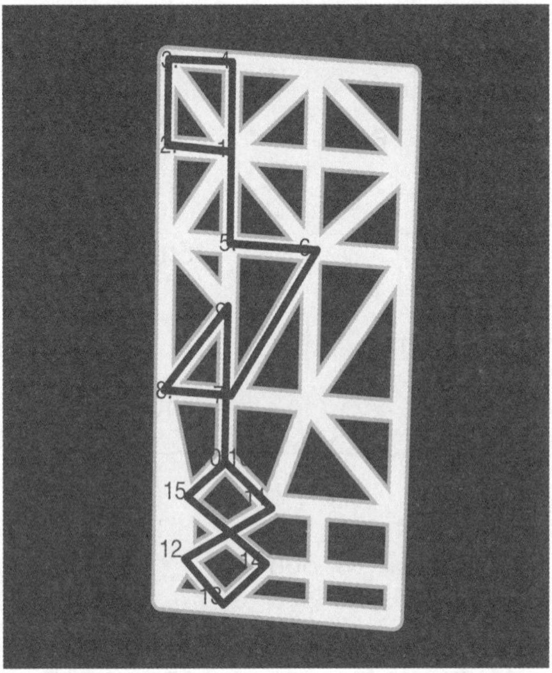

RÉPONSE 51

Un code à 4 chiffres a été assigné à trois bâtiments : vous devez déduire le code du dernier bâtiment pour remplacer les points d'interrogation. Prenons le bâtiment en haut à gauche. Celui-ci peut être divisé en 4 « niveaux » : le rez-de-chaussée et 3 étages. La structure du 4e niveau, le plus haut, est faite de 3 cubes. Au 3e niveau, la structure est faite de 6 cubes, dont certains ne sont pas visibles mais bien présents afin de soutenirceux du niveau supérieur. Descendons d'un niveau, où nous avons une structure composée de 7 cubes. Enfin, le rez-de-chaussée comporte 8 cubes. Ce décompte forme le code noté sous le plan de ce bâtiment, à savoir 3678. Le même principe s'appliquant aux trois autres plans, le code du dernier bâtiment est donc 3567, soit le « code du plan » requis pour résoudre cette énigme.

SOLUTIONS

RÉPONSE 52

Chacun de ces blocs présente au moins une annotation <chiffre> <lettre>, avec des chiffres compris systématiquement dans une plage de 1 à 4. Vous noterez cependant que certaines de ces annotations sont à l'envers. Comme indiqué dans les instructions et dans l'exemple annoté sur le coin supérieur gauche du schéma à la page de droite, vous allez devoir « associer » tous ces blocs. Les deux blocs notés 1A l'ont été de façon à ce qu'ils se touchent, l'un étant l'image miroir de l'autre. Pour résoudre cette énigme, il vous faut donc associer les blocs en suivant ce principe, de façon à ce que chacun soit mis face à son jumeau. Nul besoin de faire pivoter les pièces. Comme vous pouvez le constater sur l'image ci-après, le résultat final nous donne le code 2673 (en commençant par le chiffre formé par les blocs notés « 1 », puis « 2 » et ainsi de suite).

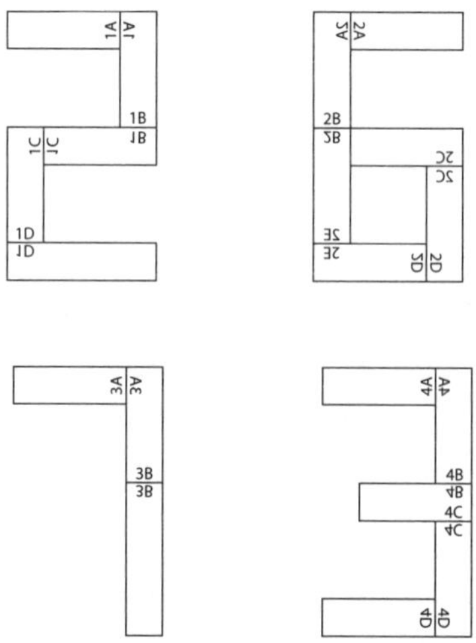

SOLUTIONS

RÉPONSE 53

Comme suggéré par les instructions et les deux images en bas de la page de gauche, vous devez prendre « de la hauteur pour avoir un nouveau point de vue sur ces bâtiments ». Si nous nous penchons sur ces deux images données en exemple, nous comprenons que l'image de droite est en réalité une vue du dessus du bâtiment présenté en relief sur la gauche. Vous allez donc devoir dresser des plans en vue du dessus des bâtiments A à D de la page de droite, ce qui donnera comme résultat les vues présentées ci-après et qui révèlent le code secret 0794.

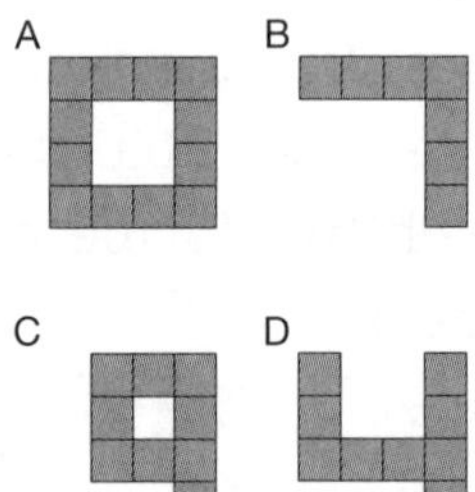

RÉPONSE 54

Les chiffres gravés sur la plinthe représentent une grille similaire à celle des mots mêlés, sauf que nous avons ici à retrouver des suites de chiffres plutôt que des mots. Commencez d'abord par retrouver tous les nombres de la liste. Ensuite, vous noterez qu'il reste 4 chiffres inutilisés dans la grille qui ne font partie d'aucun des nombres de la liste. Lisez ces chiffres dans un ordre de lecture standard (de la gauche vers la droite puis de haut en bas) et vous découvrirez le code 1498.

RÉPONSE 55

Pour convertir le code à 8 chiffres en son équivalent à 4, chacun des nombres à 2 chiffres notés au-dessus de la grille en haut de la page de droite doit être décomposé dans la grille de conversion. L'élément clé de cette énigme est le symbole x dans le coin inférieur gauche de la grille, ce qui vous donne une valeur associée à la multiplication de n'importe quel chiffre entre 1 et 6 (sur l'axe horizontal) par n'importe quel chiffre entre 7 et 12 (sur l'axe vertical). Les chiffres à l'intérieur de la grille ne sont donc pas le résultat de la multiplication de 2 chiffres pris sur chaque axe, mais bien l'un des potentiels chiffres du code. Vous allez donc devoir retrouver la multiplication dont le résultat est l'un de ces nombres à deux chiffres, puis consulter le chiffre associé à cette multiplication dans la grille.

Dans celle-ci, 18 ne peut être obtenu qu'avec la multiplication 2 × 9. À l'intersection du 2 et du 9 se trouve le chiffre 7, soit le premier chiffre du code. 30 ne peut s'obtenir qu'en multipliant 3 par 10, avec le chiffre 5 à leur intersection. 32 ne peut être obtenu qu'avec la multiplication 4 × 8, avec le chiffre 4 à leur intersection ; et 22 ne peut s'obtenir qu'en multipliant 2 par 11, avec le chiffre 1 à leur intersection. Le code à 4 chiffres est donc 7541.

RÉPONSE 56

Cette énigme vous demande de « plier en quatre » et de « percer [...] leur plan. ». Il vous faut donc plier un carré de papier en suivant les instructions de la page de droite puis percer les quatre formes présentées en traversant la feuille de part en part (Si vous essayez avec une vraie feuille de papier et pas seulement en imagination, prenez les précautions nécessaires car il est particulièrement difficile de couper une forme à travers l'épaisseur d'une feuille pliée en quatre.) Dépliez ensuite la feuille et faites le décompte de chaque forme présentée au-dessus de l'encadré réservé au code. La feuille ainsi dépliée et percée de part en part devrait ressembler à l'image ci-après. En respectant l'ordre demandé, le décompte final est 8, 8, 16, 4. L'espace laissé pour un nombre à 2 chiffres au-dessous du triangle vous confirme l'ordre requis pour le code 88164.

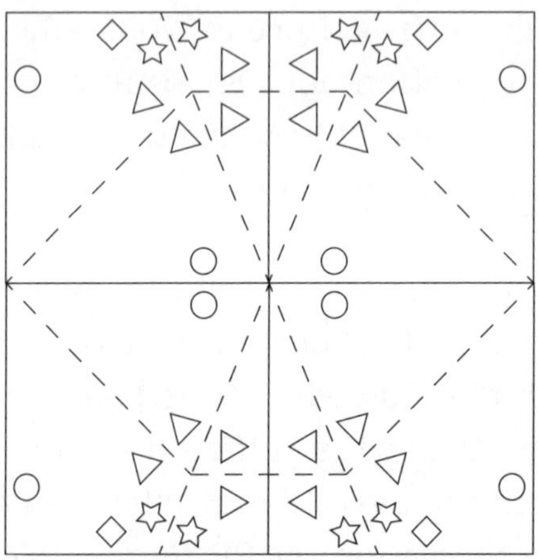

SOLUTIONS

RÉPONSE 57

Certains de ces chiffres romains sont « étranges », et peut-être est-ce dû à la « (ré)écriture » dont il est fait mention dans le titre de l'énigme... En effet, certains ont été écrits dans un format inhabituel. Les voici, de haut en bas : IIX = 8 aurait normalement dû être écrit VIII ; IIIV = 2 aurait normalement dû être écrit II ; VIIII = 9 aurait normalement dû être écrit IX ; IIIX = 7 aurait normalement dû être écrit VII. Le code à 4 chiffres est donc 8297.

RÉPONSE 58

Il manque un intercalaire dans chaque dossier. Pour retrouver le code, il vous faut donc déduire la valeur assignée à ces intercalaires manquants. Lisez ensuite ces valeurs par ordre alphabétique de a à d (ou dans l'ordre croissant de haut en bas par rapport à l'emplacement laissé vide par l'intercalaire manquant de chaque dossier). Les valeurs assignées aux intercalaires de chaque dossier suivent une séquence mathématique différente :

a : ajoutez 13 à chaque intercalaire. L'intercalaire manquant porte donc la valeur 6 ;

b : les carrés dans l'ordre croissant. L'intercalaire manquant porte donc la valeur 4 ;

c : addition des valeurs des deux intercalaires précédents (aussi nommée « suite de Fibonacci »). L'intercalaire manquant porte donc la valeur 2 ;

d : nombres premiers dans l'ordre croissant. L'intercalaire manquant porte donc la valeur 7.

Le code à 4 chiffres est donc 6427.

RÉPONSE 59

« Un vrai casse-tête » comme le titre vous le suggère, où vous allez devoir faire une « recherche de données manquantes ». Ce casse-tête équivaut à une grille de mots mêlés contenant des chiffres à la place des lettres.

Si vous essayez de retrouver dans la grille les 17 nombres de la liste, vous allez vous rendre compte qu'il n'y en a que 16 : les « données manquantes » renvoient donc au nombre qui n'est pas dans la grille et qui compose le code à découvrir, soit 8204.

9	4	7	2	9	6	5
2	3	3	5	5	6	0
8	8	8	6	0	1	9
5	6	1	4	0	6	7
8	0	4	8	8	3	7
6	7	6	9	9	1	0
2	2	0	7	2	9	0

RÉPONSE 60

Si cette grille « vous rappelle quelque chose », c'est normal, car vous voilà face au même genre de défi que celui page 64 avec les instructions pour vous aider. Venez à bout de ce hanjie pour révéler l'image ci-après.

Ensuite, « rangez les chiffres » qui apparaissent dans la grille « du plus petit au plus grand » pour obtenir le code 3468.

SOLUTIONS

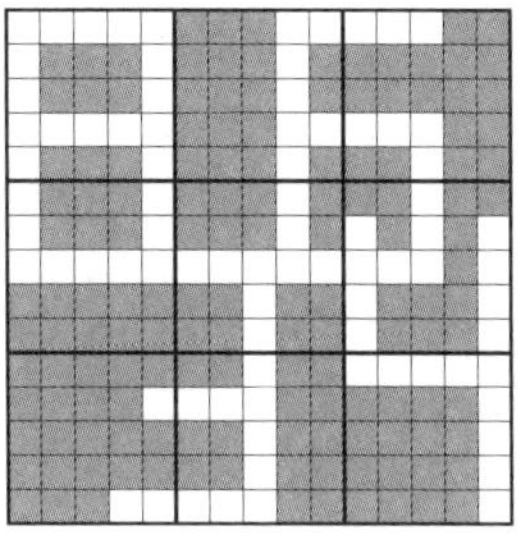

RÉPONSE 61

Assurez-vous de bien « regarder ce bloc-notes de près », avant de le « regarder à nouveau » pour remarquer que les 6 premières colonnes se répètent – presque – sur les 6 colonnes suivantes. Une répétition plus facile à repérer grâce aux deux flèches en haut du bloc-notes qui vous indiquent le début de chaque suite de chiffres.

Concentrez-vous ensuite sur les colonnes marquées par les flèches en bas du bloc-notes. Ainsi, repérez le chiffre dans cette colonne qui diffère de son homologue de la colonne associée sur l'autre moitié du bloc-notes. Lisez ces chiffres dans l'ordre croissant du nombre de flèches sous les colonnes, et vous découvrirez le code 4329.

SOLUTIONS

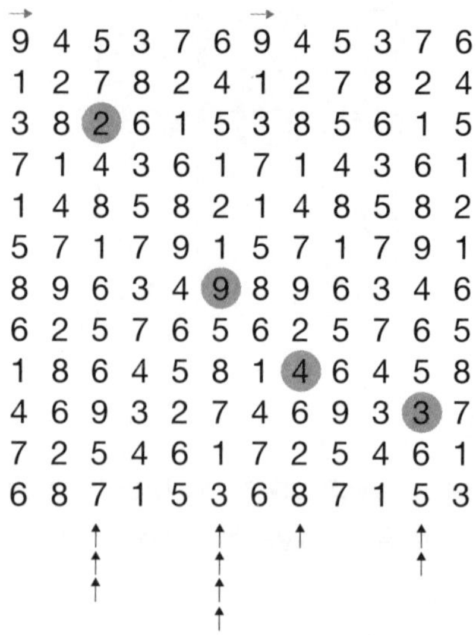

RÉPONSE 62

En premier lieu, prêtez attention à la disposition des cercles sur la page de droite, similaire à celles des touches des téléphones portables page 150. Sur ces claviers, un chiffre est assigné à chaque touche. Lisez les chiffres dans l'ordre indiqué dans les cercles de la page de droite et associez chacun d'entre eux à son homologue sur le clavier de téléphone, et vous mettrez au jour le code 5031.

RÉPONSE 63

Cette énigme est un casse-tête de type « points à relier » où vous devez dessiner une boucle qui passe une seule fois par tous les points, comme vous pouvez le voir sur l'image ci-après. Si vous suivez le chemin de la boucle dans le sens indiqué par la flèche en haut à gauche, vous remarquerez que le trait passe sur 4 chiffres.

SOLUTIONS

Lisez-les dans l'ordre dans lesquels vous les rencontrez et vous découvrirez le code 2134.

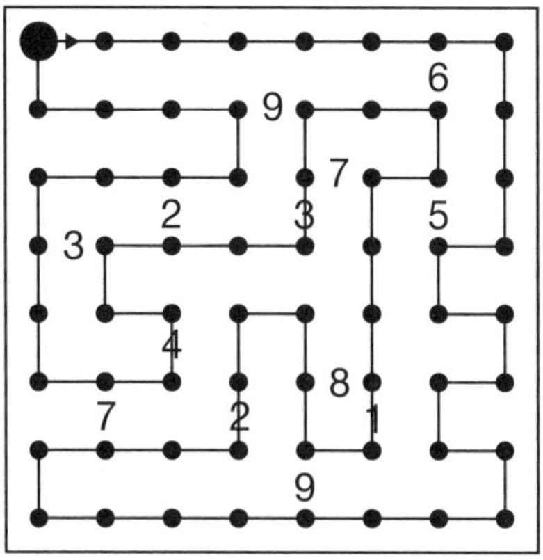

SOLUTIONS

RÉPONSE 64

Neuf flèches se trouvent en bas de la page 166, chacune présentant sur leur tête de 1 à 9 pointes. Les flèches à 1 et 2 pointes sont marquées, étant donné qu'elles ont déjà été reportées dans la grille sur la page de droite.

Continuez de dessiner dans la grille les flèches dans l'ordre croissant du nombre de têtes en commençant toujours sur la case où s'arrête la flèche précédente, et sans en changer l'orientation. Au bout de cette chaîne, un nombre est mis en évidence par la dernière flèche : 6129, soit le dernier code requis.

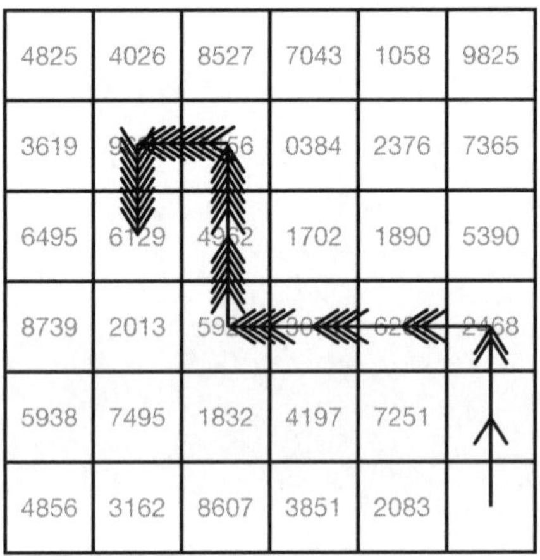

NOTES

NOTES

NOTES

NOTES

NOTES

NOTES

NOTES

Achevé d'imprimer en mars 2023
en France par SEPEC - 19387220606

IMPRIM'VERT®

PEFC 10-31-1470 / **Certifié PEFC** / Ce produit est issu de forêts gérées durablement et de sources contrôlées. / pefc-france.org